SV

edition suhrkamp
Sonderdruck

»Schlimm ist es zu sehen, wie Geschichte entsteht.« Seit Sommer 2014 notiert Serhij Zhadan, was ihm auf seinen Reisen ins ostukrainische Kriegsgebiet widerfährt. In dieser Gegend ist er aufgewachsen, er kennt die Leute, die hier leben, und kann nicht glauben, dass sie über Nacht zu Feinden wurden. Er fragt sie aus und stellt sich ihren Fragen. Denn wer nicht fragen kann, wird nichts verstehen – nicht die Geschichten und nicht die Erinnerungen der anderen. Für diesen Versuch wird Zhadan, heute der bekannteste Dichter und engagierte Intellektuelle seines Landes, bewundert, geliebt und angegriffen.

Der vorliegende Band mit Gedichten, Songtexten und Tagebuchaufzeichnungen dokumentiert seine Auseinandersetzung mit dem Krieg und dessen Folgen. Lyrische Momentaufnahmen, die das Essentielle jäh aufscheinen lassen, Kürzestgeschichten über Menschen, die nicht mehr wissen, wo sie hingehören und was aus ihnen werden soll.

Serhij Zhadan, 1974 in Starobilsk/Gebiet Luhansk geboren, ist Dichter, Musiker und Übersetzer. Er publizierte zahlreiche Gedicht- und Prosabände. Sein Werk wurde vielfach ausgezeichnet. Zuletzt erschienen *Die Erfindung des Jazz im Donbass* (2012) und *Mesopotamien* (2014). Zhadan lebt in Charkiw.

Serhij Zhadan

Warum ich nicht im Netz bin

Gedichte und Prosa aus dem Krieg

Aus dem Ukrainischen von Claudia Dathe und Esther Kinsky

Suhrkamp

Die deutsche Ausgabe wurde vom Autor zusammengestellt.
Nähere editorische Angaben am Schluss des Bandes.

3. Auflage 2022

Erste Auflage 2016
edition suhrkamp
Sonderdruck
Deutsche Erstausgabe
© Serhij Zhadan, 2016
© Suhrkamp Verlag Berlin 2016
Satz: Satz-Offizin Hümmer GmbH, Waldbüttelbrunn
Druck: CPI books GmbH, Leck
Umschlag gestaltet nach einem Konzept von
Willy Fleckhaus: Rolf Staudt
Umschlagfoto: Yevgenia Belorusets
Printed in Germany
ISBN 978-3-518-07287-5

www.suhrkamp.de

Warum ich nicht im Netz bin

Erster Teil
Gedichte 2012-2016

Kaplane und Atheisten

Was ändert der Krieg? Der Krieg ändert das Vokabular. Er reaktiviert Wörter, die man bis dato nur aus historischen Romanen kannte. Vielleicht weil Krieg immer auch die Geschichte reaktiviert. Man kann sie sehen, schmecken, riechen. Meist riecht sie verbrannt.

Kaplane zum Beispiel kannte ich zuvor nur aus Büchern. Was ihre Bestimmung war, habe ich nicht genau verstanden. Bei Kaplanen habe ich immer an Schwejk gedacht – ein zerfallenes Imperium, ein trostloser Krieg, eine korrupte Kirche, ein Gott, der gestorben ist und die Auferstehung vergessen hat, Priester, die weniger den Glauben als vielmehr seine totale Abwesenheit symbolisieren. Aber seit im Donbass Krieg ist, bin ich mit vielen echten Kaplanen in Berührung gekommen. Sie sind scheinbar aus dem Nichts aufgetaucht, früher, vor dem Krieg, hat es sie einfach nicht gegeben. Aber vor dem Krieg hat es auch keinen Krieg gegeben.

Der Krieg bringt seine eigenen Wörter hervor. Sie klingen scharf und kalt, sie bezeichnen nie kriegsferne Dinge, obwohl sie ins zivile Leben eindringen und tiefe Spuren hinterlassen. Das Kriegsvokabular strömt in die Gespräche, wie Passagiere in die morgendlichen Terminals strömen. Du legst fremde Wörter an, rollst sie auf der Zunge hin und her, spürst den metallischen Nachgeschmack. Der Krieg ist wie Giftmüll im Fluss – er erreicht jeden, der in Flussnähe wohnt. Du musst auf die neuen Substantive und Verben reagieren, du gewöhnst dich an sie, sie werden dir vertraut. Plötzlich finden sich unter deinen Bekannten Einberufene, Verwundete und Gefangene. Du gewöhnst dich daran, dass die Sprache um Wörter dieses schwarzen Vokabulars erweitert wird, um Dutzende neuer Wörter, von denen jedes einzelne nichts anderes als Tod bedeutet. Da der Tod viele Namen hat, müssen sich die Lebenden die Wörter wohl oder übel einprägen.

Der Krieg ändert auch die Intonation. Sarkasmus und Ironie sind in vielen Fällen unangebracht, Pathos ist überflüssig, Groll schädlich. Wohl oder übel musst du mit Blick auf den Krieg deine Sprache korrigieren, denn ein falsches Wort zur falschen Zeit zerstört möglicherweise nicht nur das semantische Gleichgewicht, sondern ein ganz reales Menschenleben. Der Tod kommt dir so nahe, dass du viele Dinge mit ihm abstimmen musst.

Zudem verändert der Krieg die Farben. Für viele Menschen verschwinden ein für alle Mal die Schattierungen, plötzlich ist die Welt schwarz-weiß, fest umrissen, streng konturiert. Und auch die Sprache ist für viele plötzlich schwarz-weiß. Ihr Gewicht nimmt zu, aber ihr Anwendungsbereich schrumpft dramatisch. Abseits des Krieges ist die Kriegssprache kaum verständlich. Einen Sinn hat sie nur, solange sie praktisch angewendet wird. Im Einsatzbereich der Scharfschützen hören sich die Wörter »Zweihunderter« und »Dreihunderter« (für die Toten bzw. Verwundeten) ganz anders an als im tiefen Hinterland. Ein Mensch, der sich nicht im Visier des Feindes befindet, hat eine andere Atmung und einen anderen Herzschlag. Wenn er die Welt betrachtet, sind weder Feind noch Tod allgegenwärtig.

Auch Texte bekommen durch den Krieg ein anderes Gewicht. Wohl oder übel musst du nicht nur an die denken, die lesen, sondern auch an die, über die du schreibst. In einem Leben ohne Krieg endet die Handlung für einen Protagonisten schlimmstenfalls mit einer unglücklichen Liebe oder einer gescheiterten Karriere, im Krieg kann ein ungünstiger Handlungsverlauf zum Tod führen. Was bedeutet, dass der Protagonist physisch vernichtet wird. Der Krieg macht auch vor den literarischen Figuren nicht halt. Vielleicht ist das sogar der wichtigste Punkt: dass völlig neue Stimmen auftauchen, dass sich Verhalten, Motivation und Psychologie der Helden ändern. An diese neuen Figuren muss man sich erst gewöhnen, als Autor wie als Leser. Und der Krieg ändert auch Autoren und Leser. Der Autor muss die grundsätzliche Andersartigkeit der neuen Umstände begreifen, ihre Unterschiedenheit von dem, was vor dem Krieg war. Und auch der Leser ist damit konfrontiert, dass in der aktuellen Lektüre Begriffe wie Leben und Tod in einem vollkommen anderen Verhältnis zueinander stehen, dass sich die Übergänge von Weisheit zu Wahnsinn, von Liebe zu Hass, von Glaube zu Zweifel anders vollziehen. Alle sprechen plötzlich anders – die Kaplane wie die Atheisten.

Die vorliegenden Gedichte stammen überwiegend aus den Jahren 2014 und 2015. Es gibt auch einige aus den Jahren 2010 und 2011. Der Krieg wird in ihnen natürlich nicht vorhergesehen. Sie bringen im Gegenteil die Gewissheit zum Ausdruck, dass sich alles ohne den Griff zur Waffe ändern und klären lässt. Leider ist es anders gekommen. Der Krieg ist wie eine Krankheit, die unerwartet ausbricht. Und deswegen weißt du auch nicht gleich, wie du dich verhalten und welche Wörter du verwenden musst.

Die meisten dieser Texte sind unterwegs entstanden. Deswegen handeln viele auch vom Unterwegssein. Es sind Reisenotizen, mehr oder weniger rhythmisiert. Durch den Weg, durch seine bloße Existenz lassen sich die verschiedensten Umstände und Protagonisten verbinden. Der Weg eröffnet immer eine Gelegenheit zur Flucht oder Rettung. Und immer ermöglicht er auch eine Rückkehr.

Es ging damit los, dass meine Musikerfreunde und ich im Mai 2014 in den Donbass gefahren sind, nach Altschewsk, auf das verlassene Anwesen des früheren polnischen Unternehmers Kazimierz Mścichowski, das dieser im 19. Jahrhundert errichtet hatte. Wir hatten uns das seltsame Ziel gesetzt, ein Konzert zu geben. Der Krieg war noch nicht ausgebrochen, die Industriestädte des Donbass balancierten wie blinde Tiere über dem Abgrund und standen kurz vor der Katastrophe, ohne zu ahnen, dass sie nur noch ein Schritt von Chaos und Feuer trennte. Es war eine merkwürdige Zeit. Genauer gesagt war es ein Vakuum von Raum und Zeit, eine Bruchstelle der Luft. Ich wollte das irgendwie einfangen, irgendwie festhalten. Dann kam der Krieg und mit ihm ganz andere Geschichten. Die Kaplane kamen. Und auch Atheisten gab es noch.

Es liegt in der Natur der Sache, dass ein Tagebuch weder einen Kulminationspunkt noch ein Happy End hat. Wer ehrlich Tagebuch schreibt, verpasst meist das Ende. Ein Tagebuch ist eine offene Geschichte, die manchmal an einer Stelle abreißt, um an einer anderen wieder einzusetzen. Sie wird fortgesetzt, solange du sie erzählst, solange du Anteil nimmst. Der Krieg geht irgendwann zu Ende, auch wenn er heute endlos aussieht. Die Städte, die Straßen, die Stimmen bleiben, es bleibt der Wunsch zu reden, der Wunsch zuzuhören.

Warum ich nicht im Netz bin

Die Nadel

Anton, zweiunddreißig,
in seinem Profil steht: Lebt bei den Eltern.
Orthodox, aber kein Kirchgänger,
Studienabschluss, Fremdsprache Englisch.
Er arbeitete als Tätowierer, mit eigener Handschrift,
wenn man so sagen kann.
Durch seine Hände, unter seine Nadeln
gingen die Einheimischen in Scharen.

Als alles anfing, redete er viel über
Politik und Geschichte, ging auf Demos,
überwarf sich mit seinen Freunden.
Die Freunde waren beleidigt, die Kunden blieben weg.
Hatten Angst, waren kopflos, zogen fort aus der Stadt.

Am besten spürst du einen Menschen, wenn du die Nadel ansetzt.
Die Nadel brennt, die Nadel heftet. Unter dem warmen
Metall wird die Leinwand der Frauenhaut
gefügig und das helle Segeltuch der Männerhaut straff. Du dringst in
eine fremde
Hülle, entziehst dem Körper samtene Blutstropfen, du stichst und stichst
und stanzt
Engelsflügel in die ergebene Außenhaut der Welt.
Tätowierer, du stichst und stichst, denn wir sind berufen,
die Welt mit Sinn, die Welt mit Farbe
zu füllen, du durchstichst die Ummantelung,
Tätowierer, unter der die Seelen und Krankheiten liegen,
das, was uns leben lässt, das, wofür wir sterben.

Jemand hat erzählt, man hätte ihn an einer Straßensperre erschossen,
früh am Morgen, mit einer Waffe in der Hand, irgendwie aus Versehen –
keiner begriff, was passiert war.

Er wurde anonym bestattet, wie alle anderen auch.
Die persönlichen Dinge übergab man den Eltern.
Sein Profil hat niemand geändert.

Es kommt die Zeit, da wird irgendein Arsch
Heldengedichte darüber verfassen.
Es kommt die Zeit, da wird irgendein Arsch
sagen, darüber solle man überhaupt nicht schreiben.

Die Suchmaschine

Lange habe ich nach ihr gesucht. Ihre Nummer stimmte nicht mehr,
sie hatte die Stadt verlassen, im Netz keine
Spur von ihr. Über Bekannte war sie nicht
zu finden, über die Kirche auch nicht.
Irgendwann meldete sie sich, schrieb über dies und das,
ihren Umzug, die neuen Umstände, die Gewöhnung.

Sie berichtete von ihrem Bruder, ihm galt ihr Brief,
von ihm, von seinem Tod wollte sie erzählen.
Ich war wohl nicht der Einzige, dem sie schrieb, jedenfalls
nicht der Erste. Zu abgeklärt klangen
ihre Zeilen. Es hat alle erwischt, alle auf einmal, schrieb sie,
eine einzige Salve. Unsere kamen zurück und wollten
die Toten holen. Oder das, was von ihnen
übrig war. Am schwierigsten war es mit den Beinen. Jeder
brauchte zwei Beine. Beim Zusammensetzen kam es auf die Beine an,
zwei sollten es sein und wenn möglich
gleich lang.

Ihr Bruder hatte Musik gemacht. Eine gute Gitarre besessen.
Die er häufig verborgte.
Was sie damit jetzt machen soll, fragte sie.
Ich habe versucht zu spielen, mir die Fingerkuppen aufgerissen, bin aus
                                                    der Übung.
Das hat sehr gebrannt. Und will nicht verheilen.

Die Sekte

Andrij und Pawlo, Adventisten, Studenten.
Ihr Unternehmervater spendete für die Gemeinde,
für sie war die Kirche
ein Teil ihres Lebens –
sie gingen jeden Tag hin, halfen
bei der Renovierung, stellten Fotos ins Netz,
dankten den Spendern.

Schon zu Friedenszeiten galten die Leute als Sektierer,
und als alles anfing, wurde Jagd
auf sie gemacht. Manche gingen weg, andere versteckten sich.
Die beiden wurden geschnappt und in einen Keller gesperrt,
mussten Gefallene bestatten und Gräber schaufeln.
Sie wollten sich freikaufen, zitterten, weinten.
Wurden an eine andere Grube verlegt. Und dann einfach vergessen,
als hätte es sie nie gegeben.
Sie saßen im schwarzen Keller, horchten ins Dunkel,
beteten zuerst, dann ließen sie es bleiben
und schämten sich voreinander.

Du verlierst deinen Glauben, wenn du die Chance hast,
dafür zu sterben, und du die Chance verpasst.
Wozu soll einer glauben, der gesehen hat, wie es wirklich ist?
Wozu etwas glauben, was für dich völlig
bedeutungslos ist?
Keiner kann sagen, was mit den Heiligen war, an deren
Körpern sich Wundmale auftaten. Was war mit den
Wundmalen? Gingen sie von selbst zu
wie Rosen am Abend? Oder bluteten,
eiterten, brannten sie lange unter den Verbänden?
Mit vor Dunkelheit blinden Augen kamen die Männer
ins Krankenhaus zum Verbandswechsel,

bissen die Zähne zusammen, als ihnen die Schwester
die vertrockneten Verbände von der Wunde riss und frisches Blut
auf die dunkle Haut trat. Sie baten um
ein Schmerzmittel, um irgendeins.
Aber es gibt kein Schmerzmittel
gegen das, was sie schmerzt, es gibt keins.

Die Tschetschenin

Jura,
schon über die vierzig,
studierter Historiker,
Sozialarbeiter.
Er ist immer im Netz,
er verfolgt die gebrochenen Schritte der Geschichte,
schreibt einen Blog im Namen einer Tschetschenin,
hat eine Scharfschützin erfunden
und lebt jetzt ihr Leben.

Schreibt über ihren Glauben,
schreibt über ihre Zweifel,
schreibt über ihr Feingefühl,
führt eine Strichliste auf ihrem Gewehrschaft:

der ist für den Vater, den Feind,
der für den Sohn, den Feind,
und der für den Heiligen Geist – ein Feind,
der auch auf
die allgemeine
Abschussliste gehört,
nach der die unsichtbare Scharfschützin
ihre Gebete in Auftrag gibt.

Die Welt ist ein Postsack,
mit Stacheldraht vernäht.
Reißt du ihn auf, kriechen
zwischen Kinderhemdchen und Gewehren
schwarze Kröten und Schlangen hervor.

Nie werden wir erfahren,
wer in der hitzigen Menge gestanden hat,

die das zarte Gewebe
des fremden Körpers entzweireißen will.
Nie werden wir erfahren,
wer nicht darunter war.

Dich auf
nächtlichen Wegen
durch Gras und Kohle führen,
deine Schritte im leichten
modischen Sportschuh
lautlos werden lassen,
dich abseits der
ausgetrampelten Rinderpfade
zu Quellen führen,
dir für den Morgen Brot aufheben,
eingeschlagen in die Fahne
deines Feindes.

Am Morgen
liest er das Geschriebene.
Manchmal ergänzt er etwas.
Manchmal schreibt er etwas um.
Rasiert sich, reißt sich mit den alten Klingen
die Haut auf.

Aber es kommt kein Blut.
Kein Tropfen.
Und auch der Tod kommt nicht.

Der Irre

Schade um die Stadt, sagt er. Sie machen alles kaputt.
Wie Sodom und Gomorrha.

Sein Bruder lebt in einem Heim für psychisch Kranke.
Vor einigen Tagen wurde das Heim besetzt.
Auf dem Hof stellte man Mörser auf.

Er besucht seinen Bruder. Sie sitzen auf einer Bank, über ihnen
Apfelzweige. Sie sehen sich ähnlich – beide in Trainingsanzügen und mit
kurzgeschnittenem Haar. Nur einer hält ein Handy
in der Hand. Aber die Stadt hat sowieso kein Netz.

Die MPi-Schützen ignorieren sie.
Und werden von ihnen ignoriert.

In der Kindheit hatte er sich für seinen Bruder geschämt, nie
über ihn gesprochen, ihn niemals mitgenommen. Weißt du,
wie das ist, wenn du einen Irren in der Familie hast? Dein Vater ist normal,
deine Mutter ist normal, und auch du bist normal, aber einer
ist verrückt. Wirklich verrückt. In deiner Familie.
Da wirst du genauso beargwöhnt.

Als er erwachsen wurde, übersah er den Bruder einfach.
Als gäbe es ihn nicht. Etwa so, als würdest du die Straße entlanglaufen
und im Vorbeigehen etwas Abstoßendes sehen,
das Angst und Ekel weckt, ein
zerfetztes Tier zum Beispiel, aber du weißt –
wenn du wegschaust, dann ist es nicht da,
dann ist alles in Ordnung.

So ist es auch jetzt – da hocken sie alle, schweigen,
und keiner beachtet sie. Als wären sie

nicht da. Sind doch nicht wenige –
die noch nicht geflohen sind,
die auf der Seite liegen
wie ein zerfetztes Tier.

Die Heimleitung ist längst getürmt.
Ein paar Putzfrauen kümmern sich um die Kranken.
Alte Frauen, die ihr Leben lang
hier gearbeitet haben. Sechs oder sieben.
Gar nicht so wenige für eine Millionenstadt.

Der Marodeur

Eine üble Biografie,
solche Biografien sind Stoff für die Morgennachrichten.
Sein Alter ist im Dezember erfroren, in einer leeren Straßenbahn.
Seine Mutter hat Zucker.
Die Lehre abgebrochen, zwei Jahre auf Bewährung,
die Kehle jodverätzt,
ein Ohr von einer Eisenstange zertrümmert.

Wovon hast du all die Jahre geträumt?
Was dir gewünscht?

Alles, was er sich gewünscht hat, lag
im Einkaufszentrum nebenan.
Ihn zu brechen hieße, man bräche
die Siegel auf den apostolischen Schreiben.

»Ich hatte nie«, schreibt er, »genug Geld,
um mir all das zu kaufen,
was ich wollte. Immer habe ich irgendwas
auf bessere Zeiten verschoben.
Erst jetzt habe ich begriffen, dass die besseren
Zeiten nie kommen.

Du bist auch hier geboren.
Du weißt, wie es ist.
Sprich mir nach:
Das Leben ist gemein und grausam.
Das Leben ist trostlos und kurz.
Das Leben ist freudlos und mies.
Wer heute nichts hat,
hat auch morgen nichts,
wer nichts zu verlieren hat,
verliert auch nichts.«

Schon lange hofft man hier nicht mehr auf bessere Zeiten.
Die stille schweigsame Frau Tod erkennt man nicht
inmitten all der anderen Frauen.
Weil du sie liebst, lebst du mit ihr.
Und weil du mit ihr lebst, stirbst du.

»Dank dir, dass du schreibst«, sagt er,
»dank dir.«
»Nichts zu danken«, sage ich.
Da gibt's wirklich nichts zu danken.

Der Kopfhörer

Sascha, ein stiller Trinker, Esoteriker, Dichter.
Den Sommer über hat er in der Stadt gehockt.
Als die Schüsse begannen, hat er sich gewundert,
plötzlich Nachrichten geschaut, das Interesse wieder verloren.
Er zieht durch die Stadt, hat immer seine Musik dabei,
hört die alten Klassiker,
stößt auf ausgebrannte Autos,
auf zerfetzte Körper.

Von der Geschichte, von der Welt
in der wir gelebt haben,
bleiben uns ein paar geniale Männer
mit ihren Worten und ihrer Musik,
die vergeblich versuchten,
uns zu warnen, uns etwas zu erklären,
aber doch nichts erklärt und niemanden gerettet haben,
sie liegen auf Friedhöfen,
und aus ihren genialen Brustkörben
wachsen jetzt Blumen und Gras empor.
Das ist alles, was bleibt –
die Musik, der Gesang, die Stimme,
die zur Liebe nötigt.

Ohne Unterlass kann man diese Musik hören.
Dem Kosmos lauschen, mit geschlossenen Augen.
An die Wale in den nächtlichen Ozeanen denken.
Nichts mehr hören.
Nichts mehr sehen.
Nichts mehr empfinden.
Nichts als den Geruch natürlich.
Den Geruch der Leichen.

Der Kaplan

Igor, der Kaplan, dreißig,
er rasiert sich nicht, um erwachsener zu wirken.
Jeder will erwachsener, reifer wirken.
Gerade mit dreißig.
Ein Alter, in dem man leicht abdriftet.
Ein gefährliches Alter. Selbst für einen Kaplan.

Es ist merkwürdig, Männern die Beichte abzunehmen,
die alle göttlichen Gebote so hartnäckig und konsequent
übertreten. Sie versengen sich die Haut am glühenden
Metall, verbrennen sich die Lippen am Tabak, rauchen
im Wind, sind benommen und aufgebracht.
Die Kippen landen im feuchten Gras –
Kreuzkettchen, Heiligenbildchen, Schmieröl unter den Nägeln,
sie schalten ihre Telefone ab
und gehen zur Beichte.

Sie erzählen dem Kaplan ihre Geheimnisse, reden über ihren Kummer.
Er würde das alles lieber nicht hören, aber was hilft's.
Jede Sünde ist wie ein Stein vom Meeresufer.
Die aufgebrachten Männer legen ihm die Steine in die Hand –
Jeder gibt ihm seinen warmen Stein, den er lange mit sich herumgetragen hat.
Ganze Taschen voller Steine hat er schon,
Taschen, die er kaum noch fortschleppen kann.
Aber sie kommen, die Männer, einer nach dem anderen,
bringen ihre Steine,
geben sie ihm
wie etwas ganz Gewichtiges.

Ununterbrochen. Seit vielen, vielen Tagen schon.
Sie rauchen, witzeln, stellen sich in die Schlange,
haben Angst, es nicht zu schaffen.

Sie schaffen es alle.
Keiner kommt zu spät.

Der Spion

Wolodja, 25,
Arzt und Psychologe,
führt einen Videoblog, lehrt, wie man
das Leben zu nehmen hat
und Freude an alltäglichen Dingen zeigt,
erklärt einfache Wörter,
siebt negative Wellen
wie schweren Flusssand.

Vor zwei Monaten wurde er gefangen genommen.
Man fand seine Kamera, hielt ihn für einen Spion.
Keine Chance zu entkommen, nun wird er sitzen
bis zum Jüngsten Gericht.

Er liegt in einem Betonkeller, auf einer Matratze,
unter einer Decke, in einem fremden Pullover
mit Blutspuren, liegt neben jemand
Tiefdunklem, traut sich kaum, in seine
Richtung zu blicken, er liegt da, und der Dunkle bearbeitet ihn:

Unterwäsche, Brot vom Vortag, alltägliche Dinge, Spion.
Eine raue Decke, die Regen dünstet, ein göttlicher Plan, Spion.
Kriech drunter, erkunde, halt Ausschau, nimm Witterung auf.
Beschatte das Vaterland, versuche, herauszufinden,
was es vor dir verbergen will,
was es dir vorenthält, späh durch den hellen Spalt,
hinter dem man Recht spricht.

Die heilige Familie verkriecht sich hinter der Tür ihrer verkühlten
                                                    Herberge.
Das klaffende Loch in der Tür ist mit einer rauen Decke verhängt.
Wie weit reicht jetzt unsere Fähigkeit

einfache Wörter zu verstehen, niemanden zu beschuldigen für die fehlende
Wärme, für das aufgewühlte Licht?

Wenn die Zeit gekommen ist, holen sie alle, auch dich, Spion,
sie holen uns alle, mit Sachen, Decken und den Resten von Schmerz.
Wir ziehen in den blauen Schnee,
wir ziehen in die rote Nacht,
wir folgen dem Licht aus der Himmelsfuge,
wir eilen zum Jüngsten Gericht.
Richtet uns, Richter, richtet uns, nehmt uns die Hoffnung,
richtet uns, Richter, richtet, tragt uns
Besserungsarbeiten auf.

Gebessert, verschüchtert
sprechen wir einfache Wörter,
schnappen wir mit rissigen Lippen den heißen Schnee,
schnappen wir den letzten,
den Goldschnee.

Das Nashorn

Ein halbes Jahr lang bleibt sie tapfer.
Ein halbes Jahr lang betrachtet sie den Tod
wie ein Nashorn im Zoo –
dunkle Runzeln,
schweres Atmen.
Sie hat Angst, aber sie blickt hin,
sie verschließt nicht die Augen.

Schlimm, ganz schlimm.
Es kann nicht anders sein.
Der Tod ist schlimm, er macht Angst.
Schlimm ist es, den Gestank des roten Mondes zu atmen,
schlimm ist es zu sehen, wie Geschichte entsteht.

Vor einem halben Jahr war alles ganz anders.
Vor einem halben Jahr waren alle anders.
Niemandem flößten die Sterne Angst ein,
die in die Stauseen fielen.
Niemanden schreckte der Qualm auf,
der aus den Bruchstellen im schwarzen Boden zog.

Mitten auf der nächtlichen Straße,
zwischen Lärm und Feuer,
zwischen Tod und Liebe
gräbt sie ihr Gesicht in seine Schulter,
drischt mit verzweifelten Fäusten auf ihn ein,
weint und schreit im Dunkeln.
Ich will das alles nicht sehen, sagt sie,
ich kann das nicht alles mit mir herumschleppen.
Was soll ich mit dem ganzen Tod?
Was soll ich damit anfangen?

Was soll man mit dem Tod anfangen?
Ihn auf dem Rücken tragen
wie ein Zigeunerkind,
das von niemandem geliebt wird
und niemanden liebt?
Die Liebe ist so knapp,
die Liebe ist so schutzlos.

Weine und zerteile das Dunkel mit deinen warmen Händen.
Weine und weiche ihm keinen Schritt von der Seite.
Die Welt wird nie mehr so sein wie früher.
Wir werden nicht zulassen,
dass sie so sein wird wie früher.

Immer weniger helle Fenster auf der leeren Straße.
Immer weniger unbekümmerte Passanten
vor den Auslagen der Geschäfte.
Im diabolischen Herbstnebel erkalten Felder und Flüsse.
Die Feuer verlöschen im Regen.
Zur Nachtzeit erfrieren die Städte.

Der Cellist

Der Cellist schleppt
sein Holzinstrument,
bleibt stehen,
holt Atem,
hält sich kaum aufrecht,
schleift die Beine
übers steinige Pflaster.
Wie sie ihm einfach
ins Gesicht brüllen,
wie sie ihn wütend verfolgen,
ihn umringen,
ihm Flüche zuschleudern.

Männer laufen zusammen,
Frauen stehen verdrossen,
Kinder werfen mit Pflaster-
zitronen
aus Gold.

Wie viele bittere Worte
er in seinem Leben schon gehört hat.
Als wäre er schuld,
dass er diese Teufels-
musik schleppen muss,
schuld, dass er sie
nicht mitten auf der Straße
abwerfen kann.
Aber wem macht man das begreiflich,
wem kann man das erklären?
Die Luft zerreißen Schreie,
zerschneiden Klagen.

Bald rinnt Blut,
bald rollen Tränen.

Die Männer runzeln die Stirn,
die Frauen schlagen Lärm,
die Kinder prägen sich den Himmel ein
bis ans Ende ihrer
langen Tage.

Wenn sie dann die Stadt
verlassen, auf dem Hügel
haltmachen, stellt er
sein Instrument auf die Erde,
nimmt den Bogen,
beugt sich über das lackierte Holz,
verwächst mit ihm,
kann sich nicht losreißen,
die Bewegungen sind schwer,
auf den geschundenen Handflächen
gerinnt das Blut.
Dann

weinen die Männer,
welken die Herzen der Frauen,
wachsen den Kindern
in den Fäusten
Perlen
von musikalischem Gehör.

Marienleben

***

»Woher, schwarzer Tross, fliehender Schwarm, kommst du geflogen?«
»Tot ist die Stadt, die Bewohner fortgezogen.
Wir kommen, Entkräftung und Demut als Begleiter,
kein Kanonenfutter lockt mehr, sag das ruhig weiter.

Eisen und Stein formte die Stadt, die einst hier stand.
Jetzt fliehen wir mit einem Koffer in der Hand.
Einem Koffer voll Asche, der Abfall der Artillerie,
Brandgeruch tränkt unsere Träume wie nie.

Die Seelen unserer Frauen kannten keine Lasten,
ihre Finger wollten nachts den Abgrund tasten.
Die Quellen lagen wie Adern, verhüllt und unentdeckt.
Weit waren unsere Kirchen. Wir haben sie in Brand gesteckt.

Die Grabsteine kennen unsere besten Geschichten.
Können wir dich zu einem Gespräch verpflichten?
Du schenkst uns Liebe, ziehst den Schraubstock an,
Abendmahl und Beichte, das ist dein Plan.

Erzähl uns, warum unsere Stadt in Flammen steht.
Sag uns, dass es nicht gegen die Menschen geht.
Sag uns, dass die Täter ihrer Strafe nicht entgehen,
Sag uns was anderes, als wir in den Nachrichten sehen.«

»Gut, ich will euch das mit den Verlusten erklären,
die Rache wird zur Bestrafung der Schuldigen führen.
Später trifft es die Unschuldigen hart und kalt
und macht auch vor den Arglosen nicht halt.

Warum seid ihr in finstere Ströme geraten?
Euch fehlt die Kenntnis von Bibelzitaten.

Euch fehlt der Respekt vor dem Fegefeuer,
Weihwasser ist keinem Heiden geheuer.

Wisst ihr, was die Propheten über Leid und Dulden schreiben,
über Vögel, die wie Steine durch Städte treiben?
Dann fangen die Verluste an zu quälen,
doch davon will ich euch nichts erzählen.

Wie unterscheiden wir uns? Wie der Selbstlaut vom Mitlaut.
Der Tod ist verkraftbar, wenn er den Fremden umhaut.
Keiner wird in diesem Leben seinem Lohn entgehen.
Das predige ich den Meinen, wenn mir die Themen fehlen.

Zum Unausweichlichen der Buße kann ich nichts sagen.
Nach Zukunft und Obdach dürft ihr nicht fragen.
So viel ist klar, es geht uns beschissen.
Es hat uns erwischt, ihr werdet es wissen.«

✣✣✣

Nimm die wichtigsten Dinge. Die Briefe zum Beispiel.
Nimm die leichten Sachen, die wiegen nicht viel.
Nimm die Heiligenbilder, das Silberbesteck,
nimm die Kreuze, den Goldkram, wir gehen weg.

Nimm ein bisschen Gemüse und vom Brot ein Stück.
Wir kommen nie wieder hierher zurück.
Wir werden die Städte nicht wiedersehn.
Nimm die Briefe, auch schlimme, dann lass uns gehn.

Wir müssen die Nachtkioske verlassen.
Die Gesichter der Freunde werden verblassen.
Aus dem trockenen Brunnen ist kein Wasser zu ziehn.
Wir zwei sind Flüchtling. Nachts müssen wir fliehn.

Wir laufen an Sonnenblumenfeldern vorbei.
Wir flüchten vor Hunden, schlafen im Heu.
Wir gieren nach Wasser, kampieren in Lagern
und quälen die Drachen auf Truppenfahnen.

Die Freunde sind fort, auch du bist verschwunden.
Es fehlen die Stellen, die Küchenrunden.
Nachts fehlt in den Orten das schläfrige Licht.
Grüne Täler und Brachen, es gibt sie nicht.

Schmierige Sonne gibt's, die durchs Zugfenster dringt,
die Choleragrube, zu der man Kalkpulver bringt.
Die Frauenfüße im blutigen Schuh,
Wachposten im Grenzschnee kommen dazu.

Ein verwundeter Briefträger mit leerem Sack,
ein Gehenkter, lächelnd, im Priesterfrack,

Friedhofsstille, Lärm auf Kommandanturen,
Totenlisten, gedruckte, ohne Korrekturen,

Namen, endlos aneinandergereiht,
den eignen zu suchen ist keine Zeit.

✽✽✽

Auf den Bahnhöfen bekommst du alles zu Gesicht,
Vogelstimmen am Morgen, scharfes Sonnenlicht,
schwarzen Tau, der über geteerte Bohlen kriecht.
Als Erste verließen die Händler den Ort –
lautlose Fremde, flüchtige Zuwanderer gingen fort,
nicht Wachmänner, nicht Rekruten blieben dort.

Fort sind die Juweliere, fort die Advokaten,
fort sind die Bankiers, über Mauern und Barrikaden,
wer wird die Menschen von nun an beraten?
Nicht Astronomen, nicht Dichter hielten aus.
Im Wintersturm fliegen die Zeitungen ums Haus.
Kinder gehn mit Mützen und Kreuzkettchen raus.

Die Mütter, die Stiefmütter sind fortgezogen,
Schüler, gescheit wie gescheitert, davongeflogen.
(Nach Honig und Leber schmecken die Sorgen.)
Die Diebe, die Dirnen suchten das Weite.
Was gestern tragisch war, bleibt es auch heute.
In Trübsal und Jammer ergehn sich die Leute.

Nur du und ich sind noch hiergeblieben,
mal kämpfen wir, mal schließen wir Frieden.
Doch wir haben uns gegen die Flucht entschieden.
Ob fromme Christen, ob heillose Banditen,
keiner kann uns Schlaf oder Wachen gebieten.
Nichts kann uns mehr hindern, den andern zu töten.

Ich bin so wie du – gleiche Stoppelfrisur,
braune Haut, kalte Frau mit Modelfigur,
Brandwunden, Stichwunden, Faltenkultur.
Auch ich frage nach Gottes Gerechtigkeit

und nutze wie du jede Gelegenheit,
Gewitztheit zu zeigen und Standfestigkeit.

Los, töte mich ruhig, du kannst es wagen,
für unsern Kummer und das, was wir tragen.
Mit schweren Schlüsseln, mich wachzuschlagen.
Mit Mord an dir werd ich mich rächen,
und gedenke dabei all deiner Schwächen.
Sollte ich scheitern – lass uns sprechen.

Zögern und Zweifeln kenn ich kein Stück,
ich erfülle die Hoffnungen, zahl alles zurück.
Mein letzter Wille, mein letztes Glück.
Weißt du denn, wie weit und wohin du fährst?
Du bleibst bei den Leuten, zu denen du gehörst
und mit denen du auch auf dem Bahnhof verkehrst.

Solange die Wärme die Stadt belebt,
das Tuten der Züge, der Vogelsang schwebt,
das nächtliche Marktvolk vielstimmig schwirrt,
solange sich irgendwer hierher verirrt,
sollen Züge weiter die Gleise befahren,
sollen Bäuerinnen bleiben mit ihren Waren,
soll Rettung kommen, der Weg sei die Weite,
dem Glückspilz sei Scharfsinn, dem Pechvogel Freude.

***

Ich werfe die Waffen weg und krieche davon,
ich fliehe vor dem, was mir nicht glaubhaft schien,
umkrieche Schilfgürtel, umkrieche Straßen,
umkrieche zerrissene Kommandeure und tote Patrouillen.

Ich umkrieche Wehrbrücken und fremde Grenzen,
die ganze endlose, entbehrliche Heimat.
Noch so viel Zeit, noch so viel Weg bleibt mir zu kriechen,
ganz gleich, welche Strecke ich gewählt hab.

Jede Nacht war träge und schwer wie ein Fluss.
Jeder Tag wurde erwartet wie eine Gabe.
Meine Zunge formt Worte aus Dank und Verdruss,
das Dunkel war schlüpfrig und warm wie ein Magen.

In der Erde reden die Toten, die Heiligen reden im Himmel,
sogar in ihrer Verachtung noch maß- und teilnahmsvoll.
Und werde ich meinen Platz auch nirgends finden –
schwarz decken ihn Erdentrümmer zu, den Deserteur.

Land, was haben dein Herz und dein Kopf zu sagen?
Ich weiß nicht, welche Farben unsre Flagge zeigt.
Die Dämonen stehen neben mir, um mich zu rügen,
lebendig und argwöhnisch, im Wortlaut meines Eids.

Wenn alles vergessen ist und ich erst fort bin,
wenn meine Träume von Leichen auf Flüssen enden,
wenn von jedem Tod nur noch der Tod bleibt,
wenn die Stimme hell wird und das Gewissen leichter,

wenn keine Angst mehr aufsteigt, sobald das Dunkel einfällt
und Echotöne jeden Atem fluten,

dann rede auch ich, rede mit allen,
ich werd von den Lebenden reden und von den Toten.

Zehntausend Tote hören in der Erde zu.
Zehntausend Heilige im Himmel.
Die Stimmen der Toten sind fern und voll Zorn.
Die Stimmen der Heiligen zornig, sie duften nach Gras.

Die Leute schauen aus den Fenstern,
sie kommen aus den warmen Häusern.
Der Deserteur kehrt heim
in die sommerliche Stadt.

Gespräche scheut er
wie das Feuer.
Die Adresse versäumt,
die Familie nicht erkannt.

Und die Familie kehrt heim,
geht ins Haus zurück,
sie erkennt ihn nicht,
sie erkennt ihn nicht.

❋❋❋

Soldatenstiefel sind für steinige Wege gemacht.
Zwanzig Jahre hat Gott dich gedrillt und bewacht,
dich in die Kaserne gesteckt und zur Infanterie geschickt,
dich mit Märchen, Lehren und Gleichnissen beglückt.

Dein Leben unter der Gasmaske kommt von Gott.
Du hast nur die Wahl: für uns in den Tod.
Du hast nur die Freiheit: sterben im Gefecht.
Gott streift dir die Marke ab, spricht dich gerecht.

Gott streift dir die Schuhe ab, die Senkel ein Schnitt.
Tote brauchen keine Schuhe, wir nehmen sie mit.
Im Sumpf, auf dem Boden muss festes Schuhwerk her,
kein Schritt ohne Deckung und Willkür vom Kommandeur.

Wenn Mut in der Kehle, das Gesetz im Herzen sitzt,
dann blas gegen Jericho, Kamerad Infanterist.
Vom Klang brechen die Mauern und Masten um,
du stehst in Ruinen, weinst, weißt nicht, warum.

Das macht die Posaune, die in deinen Händen liegt.
Ihr goldener Gaumen, der nach Todeskälte klingt.
Die Wurzeln, du spürst sie? dein Herz streift das Gras.
Die Schichten der Erde ändern sich, liegt ihr im Grab.

Alles macht die Posaune, ganz gleich, wer sie blies.
Lieber verschleppt auf die Galeere, lieber verwest im Verlies
als zum Blasen verdammt, die Stadt brandrot.
Jedes unglaublich schwere Leben
hat seinen wundersam leichten Tod.

Soldatenseelen haben in seinen Lagern Platz,
jeder Neuankömmling ist ihm Freude und Schatz.
Er freut sich, weil er gern mit uns Zeit verbringt
und der Posaunenruf von deinen Lippen dringt.

Er will uns erklären, wie die Erde sich dreht,
wie man Nebel meidet, wie man Fallen umgeht,
wie man Dunkelheit meistert, der Höhe trotzen kann.
Doch hat er, uns zu helfen, keinen brauchbaren Plan.

✣✣✣

Eine Stadt an der Front am Tag vor der Weihnacht.
Alle gehen zur Kirche, Gebete kennt keiner.
Sie reden nach, was die Hochwürden sagen.
Wollen Selbstmörder und Verblichne beklagen.
Schwarz färbt sich Schnee wie gefällte Köpfe.
Maria stimmt ein mit den Witwen und Waisen.

Die Kirche macht uns so wie die Kinder:
was brauchen wir schon außer guter Kunde?
Wir singen Psalmen und ringen mit Teufeln.
Hören im Rücken den Winter heulen.
Granaten in der Steppe, die Hausfrau bewirtet.
Die Ochsen erwachen nebenan in der Scheune.

Und der Tod harrt draußen, er hat keine Eile,
er weiß, wo wir stehn. Deutet heilige Texte,
deutet lustlos die glühnden apostolischen Schreiben,
die Apostel scheinen ihm sehr zum Zögern zu neigen,
unsrem Glauben mangelts an Wärme, schätzt er.
Für Eure Liebe, sagt er, kann das Böse nicht reichen.

Die Ältesten, Weisen stehn da mit dem Psalter,
Generäle dahinter, das Gesicht voller Narben,
Speerträger, Schreiber, Kanoniere, Soldaten,
die vereinsamt in ihren Gruppen warten,
hartgesottene Fähnriche, Tapfre im Kampfe
die am Altar wie an der Tramstation warten.

Es freun sich die Bauern aus nahen Dörfern,
auch die Kleinbürger freun sich aus letzten Kräften,
Es freun sich Lautisten, Kaplane, Banduristen,
unten singen Magdalenen, oben Choristen.

An die Tafel setzen sich gewichtig die Gäste.
Schief tönen Offiziere und Straflagristen.

Wer von euch Männern bleibt heil diesen Winter?
Wer wird vom anderen Ufer wegfinden?
Wer stürzt in den Schnee, wen ziehts unters Eis,
die Fische zu füttern mit seinem Fleisch,
die Erde mit salzigem Blut zu tränken,
Echo zu sein im Vogelgekreisch.

Und der Tod harrt im Feld, ins Haus kommt er nicht,
Ein Junge geht zum Tod und sagt: »Komm doch mit,
komm mit, ich zeig dir das Vieh an den Stangen,
Demut hab ich nicht und kenn auch kein Bangen.
Siehst du im goldenen Raum hier das Licht?
Es reicht für die Nester aller Vögel und Schlangen.«

…Wer steht hier nicht alles, in Freuden und Leid.
Doch solange auch sie unter ihnen weilt,
solang sie mit ihnen zusammen singt –
mit allen, die fröhlich und traurig sind –
gibt es den Tod nicht, kein Unheil und Pein.
Brennen die Feuer,
schlafen die Tiere,
währen die Winter.

***

Das Jahr 2015.
Die Welt besteht aus geöffneten Lidern.
Tausende Augen blicken auf dich.
Was hast du an eigenen Dingen mit?
In Brand geraten soll dieser Himmel,
in welchem Ofen – wen soll es kümmern?

Der Winter 2015.
Niemals kommt der Tod allein –
ihm folgt die Erinnerung hinterdrein –
an ihr wird gelitten, sie wird gefürchtet.
Schau, ich leb noch, ich habe zwei Herzen,
mach etwas mit ihnen, mit diesen zwein.

Was ich zu wissen brauch:
Die Welt teilt sich in Tage und Nächte auf,
Prosa und Gedicht machen Vergangenheit aus.
Was mich nur stört, ist mein Überleben,
Reden mit Toten ist faktisch gegeben.
Es geht nicht ums Prinzip, es geht um den Preis.

Die Welt ist aus Wörtern,
aus schwarzen Lexemen, semantischen Feldern.
Gelbe Blumen, träge Kometen –
der ideale Ort, den Tod zu erleben.
Willst du andere Rettung finden –
geh und such auf den Leidenswegen.

Winter, vierzig Jahre.
Der Herbst schleift dich durch Rauch und Schwaden.
Der Winter trampelt dich zuschanden.
Gut – das heißt: nicht hoffnungslos schlimm.

die Freiheit besteht meistens gerade darin,
freiwillig zurück ins Gefängnis zu traben.

Das ist nicht das Ende.
Tausend Herzen schlagen im Winde.
Jedes von ihnen unheilbar, voll Wärme,
jedes von ihnen schlägt deinetwegen.
Sprichst du von Gleichheit und Brüderlichkeit,
frag, wie mag es der Schöpfer wohl sehen.

Frag: warum schweigt er.
Die Kirche – nur eine Anzahl von Heilgen,
eine Anzahl Abbittiger, eine Anzahl Erschlagner.
Wem soll ich danken für jeden Hauch Atem?
Sie haben sich nicht bloß fortbegeben,
sie sind einfach nicht mehr am Leben.

Alles bleibt erhalten:
Alle Behördenkanzleien und U-Haft-Zellen,
alle Mensen, grünen Minnas, Spätkaufläden,
alle, die beim Blut auf der Straße schworen,
die Ordnung für alle Toten gelobten
und für die Lebenden Erlösung und Rettung.

Alles bleibt bestehen:
Das warme Land, das goldene Öl.
Der Himmel der Stadt – dunkel wie Brand,
kennt sein Alter, zieht seine Bilanz,
rührt die Blätter und auch die Blumen an,
die Frauengesichter, das Frösteln des Kinds.

❀❀❀

Die Ältesten fragen Thomas:
»Warum, Thomas, sag,
warum kommt beim Kirchenbau
dir doch jedesmal
ein Gefängnis heraus?

Und du sitzt im Gefängnis drin,
stumm sind da sogar die Ermittler,
wartest, dass aufgeht, was du nicht gesät hast
in gefrorener Erde nach langem Winter.

Sag nur, Thomas, warum,
willst du gerne jedem glauben,
folgst aber nicht dem eigenen Herzen,
dabei ist es dem stummen Zorn auf den Fersen.«

Und Thomas antwortet darauf so:
»Denkt nur, ich sei ein alter Idiot,
doch so, wie ihr euren Glauben tragt,
trägt man höchstens bei einem Angriff
des Fußvolks die Toten davon.

Ihr denkt ja nicht mal darüber nach,
wie's für uns gegen euch aussehen mag,
wie's sich für uns nach euch leben lässt.
Und wie sich's für uns im Grab liegen mag.

Und so folgt ihr ihm auf Schritt und Tritt,
sein Haar so dicht, sein Singen leis,
wie soll ich ihm glauben, wenn ich weiß,
dass aus diesem Stein nichts wachsen wird?«

»Thomas«, sagen die Ältesten, »nun gut,
warum stehn wir hier, wozu?
Wozu blicken wir in sein Antlitz
voll Hoffnung wie Blinde im Gefängnis?

Du meinst, es bringt uns nicht um,
diese Verzweiflung in seinem Ton,
wenn er dem einen Glauben schenkt,
dem andern nur Bürgerrecht zuerkennt?

Kopf hoch, Thomas, sei nicht bang, sei nicht bang.
Der ärgste Mörder ist im Herzen die Angst.
Die Angst wird dir alle Liebe nehmen.
Er hat keine Furcht – sei auch du nicht bang.
Die Angst kann dir keine Hoffnung geben.
Lässt man sie zu, wirkt sie auf jeden.
Angst ist nicht Erinnerung an das, was gewesen,
sie ist fehlender Glaube an das, was sein kann.«

»Nun gut«, sagt da Thomas,
»allein kommt der Glaube doch niemals,
er ist wie die Forelle, die du fangen willst
und dann mit beiden Händen hältst.

Soll sie nur klatschen mit dem Schwanz,
die Kontrollposten blenden mit Schuppenglanz.
Ich habe bloß das, was ich mit den Händen halte,
mehr ist's nicht, was auch euer Christus kann.

Mit eurem Glauben ist es auch nicht anders,
er gilt, wenn er Trost in der Not euch spendet.
Leicht glaubt es sich, wenn in der Nähe
einer mit Toten frohlockt und auf Wasser wandelt.«

Die Ältesten sagen: »Thomas,
wie leben wir denn und wovon?
Dass der Himmel wie eine Maschine funktioniert,
der Nothebel von kundigen Händen geführt.

Auch du kannst glauben, Thomas, glaub,
denn kein Dämon und kein Tier je raubt
dein Recht auf deinen Glauben dir,
solange dir Sprache und Augenlicht bleibt.

Sprich von den langen Ernten,
vom Anfluglärm, vom Anblick der Wunder.
Egal, ob dir dabei jemand lauscht.
Was zählt, ist, dass du die Worte findest.«

So stehn die Ältesten über ihm,
teilen mit, was wichtig ist und sich geziemt,
reden so wie ein Taubstummer meistens
mit anderen Taubstummen spricht.

… Über langer Jahre Lauf
fischt das Leben die Schuldner heraus,
nimmt Atheisten und Kaplane auch
macht Missionare und Männer daraus:

damit sie in eine der Truppen gehen,
damit ihre Zeichen auf Fahnen stehen,
damit sie glauben, an was sie nicht glauben,
und vor dem, was sie bang macht, keine Angst ausstehen …

***

1

Salman lebte von Kiosken unweit der Bahn.
Ein paar Dumpfbacken zündeten die Buden an.
Die Kioske brannten, es brannte sein VW,
Geschäft und Buden waren passé.
Salman verkohlte, andere traf es niemals.
Man identifizierte ihn durch sein Tattoo am Hals.
Wir standen im Nebel und haben geschworen:
Wir geben Salman, unsern Freund, nicht verloren.
Wir setzen ein Denkmal aus schwarzem Granit
und ehren die anderen Kleinhändler mit.
Schlaft sanft, ruht in Frieden, Veteranen von Troja,
ihr Waffenbrüder, ihr Heldengemüter,
ihr Sonnenkinder, ihr Pepsi-Trinker
und wer sonst noch verbrannt ist und die Rente verpasst hat.

2

Bis zur Krise war Wasja in der Firma wer,
dann kamen die Ratten und machten's ihm schwer.
Die Ratten witterten fette Bissen,
und steckten den Chefs über Wasja ihr Wissen.
Nun sitzt Kumpel Wasja wie ein Seemann am Pier,
und Wahnsinn und Trauer verzehren ihn schier.
Mein Nachbar, denkt Wasja, der ist Transplanteur.
Dem geb ich meinen ganzen Organschrott her.
Ich lass ihm die Teile, die noch was taugen,
und werd ihm dafür paar Kröten absaugen.
Soll die Familie nur unterschreiben,
dann kanns losgehn mit dem Zerleiben.
Doch die stelln sich quer, als träf sie der Blitz,

als verlöre das Leben ohne Nieren den Witz.
Mit Därmen und Venen fang ich nichts an,
ich leb jetzt als Zombie, so gut ich kann.
Ich trinke nun täglich fremdes Blut,
Entschuldung tut meiner Gesundheit gut.
Ich werd mir die Kante mit Giftcocktails geben,
die Schweine vergessen und sie überleben.

3

Neulich lief mir mein Freund Artur über den Weg:
die Familie rechtschaffen, er selbst etwas schräg,
der Cousin auf dem Bau, die Schwester macht ihr Ding,
er saß und kam frei, saß wieder und ging,
dann saß er wieder und bekam Amnestie.
Jetzt sitzt er und wartet aufs Christkind wie nie.
Zu Weihnachten singt er heilige Lieder.
»Wir errichten«, sagt er, »unsere Ordnung wieder.
Ich hab die verdammten Versammlungen satt,
jetzt machen wir Bullen und Staatsanwälte platt,
die Richter geklatscht, die Polizei kujoniert,
die Roten erschossen, die Braunen stranguliert,
der neue Gouverneur wird in Scheiße ertränkt
oder auf dem Brandfeld in eine Rolle gezwängt.
Wir schicken jedem Arsch, jedem Banker, Bourgeois
eine Bombe per Post, das machen wir wahr.
Wir pflücken die Popen ohne hui und pfui
und leben wie Jesus lehrt – nach dem Feng Shui.«

4

Bei Andrjuscha hat erst alles prima geklappt,
dann haben sie ihn mit geklauten Uhren geschnappt.
»Ich krieg die Krise, mir ist ganz flau,
ich komm nach Fastiw, auf den Bau.

Das ganze Land kann ich nur hassen!
Wo jeder versucht, ein paar Bissen zu fassen.
Sie arbeiten für nichts als das bloße Fressen.
Sie leben wie Schlangen, keine Regung zu messen.
Ich gehe nicht weg, ich bleibe hier.«
Arbeit und Wehrdienst, alles Qual und Illusion.
Jetzt rennt er zum Fußball und hockt im Stadion.
Ob Herbst, ob Sommer, er übt Kritik
an den Spielern, Transfers, der Klubpolitik:
»Ein neuer Besitzer, auf den Klub ein Hurra,
endlich ist die linke Kohle da.
Die fehlende Position ist bei uns das Legendäre,
den Rest erledigen schwarze und brasilianische Legionäre.
Längst nicht jeder ist erste Klasse,
ehrlicher Fußball braucht volle Kasse.
Als Ware taugt alles für den Kommerz,
nur nicht die Liebe und unser Herz.«

5

Von uns muss jeder Vertreter haben.
In der Schwarzerde liegen die Freunde begraben.
Es gibt keine andern, keinen, der sich verwandelt.
Sie haben mit Eisen und Nickel gehandelt.
Haben alles verspielt, für sie war's ein Spaß –
die Fabriken im Donbass und das russische Gas.
Die Gruben und Schächte, nichts ist geblieben,
und sie haben über den Duft der Freiheit geschrieben,
über europäische Märkte und Offshore-Zonen,
von Leiden verschont, warf Macht sie zu Boden.
Sie haben als Erste die Segel gesetzt.
Die Kugeln haben sie als Erste zerfetzt.
Sie wurden begraben. Vergessene Leben.
Nächtliche Himmel, schwarze Gräben,
eine tödliche Stille, ein harsches Land:
betörende Weite,
grausames Band.

***

Ich kannte einen Priester, der in Gefangenschaft war.
Vernarbt seine Schläfen, die Hände wund, schwarz.
Donezker Ermittler riefen ihn an.
Einen Opel aus Polen hatte der Mann.

Und der sagte nun: Die Einrichtung Kirche
ist Ziegeln ähnlich, uns alle verbindend.
Wir sind im Feuer gebrannt und fertig grundiert,
obwohl das im Kunstkurs den Sinn rasch verliert.

Er sagt noch: frag mich nach Auferstehung,
ich sag dir: dazu braucht man Glück im Leben.
An diesem Glück fehlt es meistens Gerechten.
Von Feinden will ich im Imperfekt sprechen.

Frag mich nach Vergebung, da kann ich was sagen:
Zur Vergebung muss man die Gottlosen haben.
Meinen Feinden lege ich Blumen aufs Grab.
Die Strafe Gottes findet sie alle.
Doch das geht euch, den Gottlosen, ab.

Der Krieg hat mich gelehrt, nicht von Verlusten zu sprechen.
Mit Lebenden geht es besser, die kann man noch retten.
Was hindert sie, sich in den Graben zu legen?
Ihr Gottlosen nennt das wahrscheinlich die Seele.

Ich frag mich zuweilen: werden die Kinder begreifen?
Das Herz ist mir leicht, meine Arme ausgebreitet.
Meine Liebe ist für sie alle,
sogar für die, die mich zu töten trachten.
Denen sag ich Bescheid, was sie nach dem Tode erwartet.

✳✳✳

Wie haben wir früher unsre Häuser gebaut?
Du stehst unterm Winterhimmel, schaust,
die Himmel drehn sich, sie schwimmen weg,
du siehst ein: man muss sein, wo der Tod nicht schreckt.

Baue Mauern aus Algen und Gräsern,
hebe Wolfshöhlen aus und Gräben.
Gewöhn dir an, mit allen zu leben, Tag für Tag.
Vaterland ist, wo sie dich verstehen im Schlaf.

Setz Stein auf Stein und baue dein Haus,
auf Lehm, auf der Erde, fest und grau,
zieh ihre Kohle und Salz aus den Taschen heraus,
jedem ein Dach für Hochzeit und Leichenschmaus.

Einen Platz, der es wert ist, den wird man brauchen.
Nur Wasser, das trinkbar ist, kann als Wasser taugen.
Suchst du Schuldige – das sind nicht wir.
Ein Leben lang bauten wir Häuser hier.

Ziegel um Ziegel, Nagel um Nagel, Wand an Wand.
Mich hältst du nicht auf, versuch's, wenn du kannst.
Doch wenn du willst, dass ich von hier gehe,
Musst du auch meinen Wohnraum nehmen.

Der Sonne näher und ferner der Leere.
So die Dörfer und die Kinder wachsen werden.
Ein Tautropfen tritt aus dem Tabakblatt.
Wir bauten dem Himmel ein Dach, eine Statt.

Als würden wir die Höhe uns untertan machen.
Mit Worten füllen die Leere der Sprachen.

Als würden die Dinge wieder beim Namen genannt:
Ziegel als Ziegel, Nagel als Nagel, Wand als Wand.

Die Stimme reicht Starken zum Singen, Schwachen zum Beten.
Sprache schwindet, wenn sie nicht von Liebe redet.
Ohne Finsternis hat die Nacht keinen Sinn.
Leucht über mir, schwarze Sonne, leucht hin.

***

Das zweite Jahr wütet die Pest in der Stadt.
Außer Betrieb sind sogar das Bordell und der Knast.
Kein Brot gibt es mehr und auch kein Wasser.
Den Kreuzweg hat uns die Kultur noch gelassen.
Wir gehen ihn, rufen die Heiligen an.
Auf dem Rückweg sammeln wir Tote ein.

Der päpstliche Name verliert Kraft und Macht.
Hexen kündigen ihren Arbeitsplatz.
Wozu noch in diesem trüben Sud rühren?
Was soll's – bald sind doch alle hinüber.
Was soll man schon von den Sternen halten?
Das Mittelalter bleibt Mittelalter.

Der Bischof fragt in der Judenstadt:
»Wer stirbt nicht gerne für Edelmetall?
Uns alle wird der himmlische Terror erschlagen,
uns alle in den schwarzen Gang hinaustragen.
Licht gibt es keines. Ein Ziel ist nicht da.
Die Zeit ist grad recht für den Feiertag.«

Ein Trommelwirbel dringt nun ans Ohr,
hebt Zünftler und Huren aus der Erde empor,
und reißt uns in seinen Strudel hinein.
Den Toten jagt Tod keine Angst mehr ein.
Keins seiner Bilder kann sie noch schrecken.
Höchstens wir können Furcht erwecken.

Wir kleiden uns in Federn und Schweife,
und schmieren Blut auf die Kettenkreuze,
stecken auf den Straßen unsern Satan in Brand,
fordern die Himmel auf zum Kampf

und führen ums Feuer die Prozession.
In uns brennt nur eines – des Volkes Zorn.

Die Wangen soll man mit Rouge sich färben.
Es ist nie zu spät, um jung zu sterben.
Nie zu spät um einen neuen Namen zu nehmen.
Mein Schatten wird von mir Zeugnis ablegen.
Doch erzählen sollst du das niemandem nicht.
Der Tod erkennt uns nicht am Gesicht.

Wie Zündhölzer brennt uns das Feuer ab,
reißt uns raus wie das Messer im Schulterblatt,
zieht uns wie Splitter aus seinem Daumen,
wir bleiben, wild wie die Türkenpflaumen,
wir bleiben, bitten die Götter um Duldung.
Für Tote zu hoch ist die Verschuldung.

Wir bleiben zusammen, Lebendige, Tote,
bis zum Hals stehen wir in den Halmen, den hohen,
wir stehn an des nächtlichen Flusses Rand,
zünden Licht in den alten Leuchttürmen an.
Nur Heuschrecken kommen zum Licht geflogen.
Die Nacht ist tief. Und ohne Boden.

✳✳✳

Wirf die Toten von Bord,
wirf die Toten von Bord.
Stoß sie ins Wasser, die kalten Körper, in Seide getan.
Die Toten kennen nicht Kummer, sie kennen nicht Gram.
Näh die Zerfetzten zusammen, stepp die gerissene Naht.

Wirf die Aussätzigen in die Wogen,
wirf die Pestkranken in die Nacht,
alle, die der Wurm der Schwindsucht zerfraß,
Hunderte toter Herzen
und Hunderte Gesichter kalt,
wirf die Toten von Bord, die Zeit guter Ernte naht.

Alle kommen an Arbeit und kommen zu Kräften.
Schaff mit uns zusammen – nie mehr auf Borg.
Zieh sie heraus wie den Fisch für den Teller.
Mach Münze mit den Toten,
wirf sie von Bord.

Alle, denen Feuer die Leber verbrannt hat,
die das Fieber gewendet hat wie einen Mantel,
die eines schönen Morgens fortgegangen,
von denen kein Zeichen und Merkmal vorhanden.

Die der Brand ausgeglüht hat wie Torf.
Die der Typhus ausgebleicht hat wie Kalk.
Steck ihre Köpfe in Sack oder Korb.
Wirf die Toten von Bord. Jetzt ist es egal.

Wir werden uns im Leben noch reichlich ergötzen,
genügend Wein steht noch auf dem Tisch,
denk nicht an die Toten, ihre Augenlöcher,
nicht an das Blut im Leintuch, das niemand mehr wischt.

Genügend von uns haben Würde und Pracht,
die in den siegreichen Reihen standen vor Ort.
Bei Lebenden ist für Tote kein Platz.
Tote zu Toten, wirf sie von Bord.

Dank dem Füllhorn der Sterne, der Gunst der Stunde.
Lang sind die Ernten, sorgenfrei die Zeit.
Wer hier harrt bis zum Ende, steht allein in der Runde.
Besser, er sieht nicht, was ihm im Traume erscheint.

❈❈❈

Die Vorsehung war schon immer auf Seiten
jener, die sich nicht zur Flucht bereiten.
Die Kämpfe weichen zurück und rasch
sind Marketender in der Stadt.

Beladen mit vieler Arznei und mit Wein
drücken sie sich an Höfen und Sperren vorbei,
durchschweifen vom Bahnhof auf alten Strecken
Industriegebiete und Satellitenstädte.

Sie breiten ihre reichen Schätze aus,
gehen durch die frisch eroberte Stadt.
Ein weiteres Jahr blieb die Saat nun aus,
Pfeifend scheuchen Kinder die Tauben auf
von der ausgebrannten Schule Dach.

An den Kontrollen wird Verkehr unterbunden,
die Posten singen Choral an der Ecke.
So viel Leben in den Briefen von Kindern,
und die Einflusszonen in unseren Städten
teilen sich Spekulanten mit den Gerechten.

Die Sonne am Himmel rollt wirbelnd dahin,
und die Waren sind für uns nutzlos und fad.
Für den Tod legen wir ja die Groschen hin,
so ist für euch auch weiterhin Arbeit da.

Auch wenn ihr jetzt ohne ein Obdach seid,
freut euch des reichen Ertrages an Honig:
Solang unser Leben so wertlos bleibt,
gehn eure Aktien doch weiter nach oben.

Der Himmel erschöpft sich, ständig fließend.
Verhökert die Reste an Gift und an Brot,
altes Essen geht an die Infanteristen.
Wer jetzt die Nacht bis zum Galgen fristet,
murmelt vorm Einschlafen dieses Gebot:

Gedenk unser, eines jeden einzeln,
gedenke der nächtlichen Stunden,
gedenke dieser üblen Zeiten,
gedenk der Gerüchte und Kunde,

gedenke dieser seltsamen Welt –
beinah bereit, beinah vollendet.
Nie mehr Kummer. Nie wieder Schmerz.
Gedenke ihrer. Gedenke.

***

Nacht – der warme Tierpark atmet,
Tiere und Vögel schlafen im Dunkel.
Der junge Infanterist putzt die Waffe,
putzt die Waffe, vertreibt sich die Stunden.

Putzt sie, dabei Flüche sprechend,
flammend wie Worte in Telegrammen.
Ein Kruzifix aus Silber wärmt er am Herzen,
in einer orthodoxen Kirche aufgesammelt.

Er hört hinterm Berg den Regen lärmen,
hört gewiegtes Urteil der Kiefern sogar,
die Waffe, die gibt er nicht aus den Händen,
er putzt sie wie ein Gerät am Altar.

Fest glaubt er, sie wird sich nützlich erweisen,
durch Krater und Graben führt sie hinaus,
tief unten in seiner Seele weiß er,
sie weckt den Erfolg, der Deckung verheißt.

Sollen die Kinder im Traum nur reden,
die Planeten oben ziehn über sie hin,
in dieser Nacht hat man solche Lust zu leben,
dass man daran beinah sterben will.

Er sieht Leben in allen Gegenständen,
noch im letzten düstern Gebäude dort,
tut alles, um den Untergang abzuwenden,
alles – nur bleibe der Tod von ihm fort.

Putze nur, putze, für alles bereitet,
was heute deiner harrt.

Der Tod, wie ein Hund, weicht ihm nicht von der Seite.
Wunderliche Dinge,
wunderlich, Herr.

***

Nokia Telefon. Familienverband.
Wie gefällt dir, Roma, mein Vaterland?
Das klebrige Netz reißt im Sommerwind,
Drückst warme Lumpen ans Herz wie das Gotteskind.

Was siehst du von dort, hinterm Vorhang her?
Die Stimme den Stengeln, das Herz dem Wipfel näher.
Aus der Nacht springen erschossene Staffeln her.
Wehrwälle schaufeln die Totengräber.

Kommt der Herbst, wirst du nicht mehr dieselbe sein.
Außer mir gibt es keinen, der um dich weint.
Immer mehr Leute tragen hier Waffen.
Hätt ich die Wahl, würd ich andere Helden schaffen.

Kommt der Winter, kommen die Kindergesänge.
Wird der Horizont sich oliv und ocker verfärben.
Jetzt ist der Nebel grün, rot die Regenfälle,
In Staatshymnen tönen Zigeunerklänge.

Zwanzig Jahre Suche nach dem Weg aus dem Delta.
Schau, mit den andern überquere auch ich die Donau.
Die Schwalben kommen vom Sinai geflogen.
Es gibt keinen Anfang
und auch kein Ende, Roma.

Alles wird wie am Anfang, alles wird immer währen.
Der Junimond über den goldenen Ähren.
Des Heumonds Morgenrot mit Engelstönen.
Deine Haare im Polster gemütlicher Möbel.

Und du trägst dein Herz und deine Traurigkeit.
Steigst mit den andern in den nächtlichen Fluss hinein.
Denkst auch daran, diese tiefe Nacht zu durchschreiten.
Der Tod wird kommen
von gleich welcher Seite.

Schuss- und Stichwaffen

Jerusalem

Jona Jakir, ewiger Student am Charkiwer Technikum,
später erschossen wegen mutmaßlicher terroristischer
Aktivitäten, begrüßte die Revolution und schlug sich zum Volk,
nachdem er eine Offenbarung erlebte: der Prophet Hesekiel
war ihm im Traum erschienen, mit Gasmaske und schäbiger Patronentasche,
gab Jona, aus dem Schlaf geschreckt,
ein feuriges Schwert und befahl ihm,
Odessa, das südliche Jerusalem der Revolution,
und seine smaragdgrünen Wasser gegen die langbugigen Schlachtschiffe der
Briten zu verteidigen.

Jona, in militärischen Fragen ziemlich unbeleckt,
antwortete dem Propheten: Schön und gut, aber wie stelle ich das an?
Wie bekämpfe ich den Feind, wenn er
mit Bordkanonen
Lagerhallen und Bordelle beschießt?
Mit einem reinen Herzen, erwiderte der Prophet,
mit reinem Herzen und feurigem Schwert.
Und Chinesen können wir noch anheuern.
Die lungern doch in Scharen am Ufer rum.

Und als er erwacht war, formierte Jona tatsächlich
ein Bataillon chinesischer Internationalisten
und brach zu einem Kreuzzug auf,
mit einer Lewis Gun im Arm und Gottes Asche im Herzen.

Schwer zu sagen, was seine Beziehung
zu den Chinesen dominierte – Liebe oder Frevel.
Vielleicht liegt die revolutionäre Ästhetik gerade im radikalen
und glühenden Glauben an die eigenen Visionen. Sonst
läufst du Gefahr, dich im Nebel der nächtlichen Fluten zu
verlieren, deine Gesprächskanäle
zu den Märtyrern zu kappen.

Als sie schließlich das Stadttor, das in ihrer Obhut lag,
in Richtung Norden verließen, sich durch
Schluchten und Sümpfe schlugen, was vermissten sie
eigentlich? Der enttäuschte Jona
mit seinen aufdringlichen Stimmen, die ihm rieten,
Panzerzüge zu erobern, ließ Tote in seinem Gefolge
auferstehen – Knochen um Knochen,
und den Schwarm Chinesen, die sowieso kaum verstanden,
gegen wen sie kämpfen und schon gar nicht, wofür.

Vielleicht folgten sie tags den
Flugdrachen, die hoch oben in der Luft
Schwefel und Dampflokkohle einatmeten,
und lasen nachts den Sternenhimmel,
beobachteten, wie Meteoriten
ins Meer stürzten und klirrend gegen die Planken
der Alliiertenflotte schlugen.

Die größten Enttäuschungen erleiden
vielleicht diejenigen, die die umliegende
Leere bändigen und mit ihrer eigenen zu
füllen versuchen. Gehen wir durch das
Feuer von Widerstand und Ablehnung,
versengen wir unser Haar und sehen dem gerechten
und umfassenden Misstrauen ins Auge.

Ganz gleich, wohin du gehst, wohin du deine
Schritte wendest und die auf den Militärkarten für dich
markierten Routen verlässt,
wie oft du versuchst, die professionellen
Spediteure zu übertrumpfen, dennoch, Jona, gilt die Weisheit, dass
wir alle früher oder später ans Ufer geworfen werden,
wo uns schon lange
voller Freude und Ungeduld
all jene erwarten,

die uns lieben bis zum Tod,
all jene, die diesen Tod
unerbittlich beschleunigen.

Der Lokschuppen

Die Sterne, die über ihn dahinflogen,
wisperten: »Aaron Baron,
ach, Aaron Baron,
komm mit deiner Wahrheit,
ehe der Bahnsteig zugeschneit ist.«

Aaron Baron, der Bäcker
und erfahrene Revolutionär,
der Scharen von Anarchisten
zu sich nach Chicago lockte,
besuchte zu Weihnachten
wie der Apostel Paulus
die Lokschuppen
im Eisenbahnwerk Charkiw.
Auf einem Postschlitten,
in einem Pelz voller Säcke und Häute
fuhr er mit seiner schwarzen
Propaganda vor,
erzählte den Eisenbahnern von den Brüdern,
die in den Aufständen umkamen.

Aaron Baron,
in blauer Arbeiterbluse,
mit grünlichem Qualm im Bart,
rief die Gleisbauer und Schlosser auf
zusammenzuhalten
in Arbeit
und Kampf.
In seinem Sendschreiben heißt es:
»Eisenbahnschienen liegen überall dort,
wo Gott mit seinem
gelben Nagel

über die dichte Landschaft gefahren ist,
er hat das Tor zu unseren Fabriken aufgetan,
hat unsere Lungen mit Mut gefüllt
wie einen Schacht mit Kohle.

Nichts gibt es, das sich nicht
in unseren Waggons transportieren ließe.
Nichts hat die Vergangenheit,
das wir bewahren müssten.
Alles, was uns bleibt, ist der Glaube,
den wir fortbringen,
wenn hinter uns die Flüsse brennen
und die Himmel stürzen.

Unser Himmel,
der aufflammt und verlischt,
unsere täglichen Mühen,
unsere Fuge am feuchten Gold der Sonne,
unsere Familien und toten Eltern –
geboren werden wir und betrachten die Sterne am Himmel,
sinken in den Schlaf unter flüsternden
Akazien,
konstruieren unser Leben
wie ein seltenes Luftschiff,
das über Bahnschwellen
schwimmt,
die Pupillen
unserer Söhne entzündet,
die an den weihnachtlichen
Bahnstationen stehen,
erfüllt von Gewissheit
und Triumph.«

Ach, Aaron Baron,
du schwarzer Apostel der Heiden,

sie treiben die
warmen müden Dampfloks
von den abendlichen Feldern
in die frühlingsprallen Schuppen
wie Vieh,
die Eisenbahner sammeln sich
wie Hirten ums Feuer,
schweigen schwer
und enträtseln den Schrift-
satz seiner Rede:

»Es liegt keine Angst in dem Verzicht
auf den schweren Stein, den man uns
in die Taschen der Schuluniform geschoben hat,
es liegt kein Vergnügen in der Bindung
an die Vergangenheit. Was eint
die Stahlkocher und Bergleute?
Was trägt dich, wenn nicht die Wurzeln?

Der Glaube ist eine
Schöpfung der Eisenbahner,
deshalb erfordert er
Weite und Langmut.«

Aaron Baron,
oh, Aaron Baron, die tiefste Stille
zieht nach den morgendlichen Erschießungen auf,
wie der Salamander wird die Revolution
aus Feuer geboren,
die Revolution verschlingt die Säuglinge
im weihnachtlichen Bethlehem,
in den Feuerbüchsen der Lokomotiven verzehrt die Revolution
ihre heiligsten Apostel.

Nur die Sterne
schweben über uns in Schwermut und Sorge.
Nur die Flüsse
meiden uns und spülen die Wehre fort
unfähig,
       uns etwas
            zu überlassen,
                       unfähig,
uns etwas
       zu entreißen.

Fahrräder

Leutners Fahrradfabrik wurde im Jahr 1915
von Riga nach Charkiw verlegt, als die Stadt
an die Deutschen zu fallen drohte. Dann, nach dem Bürgerkrieg
wurde daraus das Charkiwer Fahrradwerk,
das seinen Vehikeln merkwürdige
Chromteile beigab.

Schon Anfang der Zwanziger gründete sich
in den Werkhallen ein Fußballclub, dem die Brüder
Mezhlauky vorstanden – bissige rote Kommissare,
in Charkiw geboren, im Terror aufgewachsen
und wie andere später zerrieben im schwarzen
Schnee der Dreißiger.

Warum erzähle ich das?
Alles, was aus Ruinen entsteht, was
im Nichts beginnt, die Leere, die sich
unter den Händen von Schlossern und Mechanikern
in Maschinen und Werkbänke verwandelt, all das haftet
an unserem Leben wie der Glaube am Psalter.

Die Arbeiter, die morgens zu ihrer Schicht gingen
und abends aufs harte, versengte
Stadionfeld liefen, spielten mit Sonnen und Schatten,
brachen die Zeit wie ofenfrisches Brot,
im Wissen, dass alles in diesem Leben zum ersten Mal beginnt
und dass die Zukunft gewöhnlich in Werkhallen
und auf Fußballplätzen gemacht wird.

»Wir fangen von vorn an«, riefen sie und traten
in die schweren Märzschwaden der leeren Werkhalle.
»Nichts ist vor uns gewesen, nichts, das wir nicht wüssten.

Die Welt beginnt mit den Pfiffen der Lokomotiven am Morgen.
Die Geschichte läuft im Gleichklang mit dem Acht-Stunden-
Tag. Alle unsere Siege beginnen
mit dem zertrampelten Rasen. Und niemand entreißt uns
diese merkwürdige prophetische Gewissheit,
diese betörende Wut,
mit der wir unseren Kontrahenten begegnen.«

Die Ozeane und Wasserpflanzen, die Silberfäden im schwarzen Erz,
die Härte der Bäume und die Fasern im Schilf –
alles beginnt erst dann, wenn sie die Umkleide
verlassen. Und die Sonne stockt in den dunklen Tunneln
der Tribünen, und die Schatten der Volkskommissare stehen im Rücken
wie die Schatten der Erzengel.
Die Revolution lässt jedem eine Chance,
der bereit ist, seine Zähne hineinzuschlagen,
die mechanische Welt ihrer morschen Hülle zu entkleiden,
der alten Geschichte das dampfende Mark zu entziehen,
nichts für sich von der Zukunft zu erwarten,
nichts von sich der Vergangenheit zu überlassen.

Ende Oktober

I

Freude an der sonnigen Zeit.
Herbstluft fließt aus den Tälern, trifft
auf Wälle über dem Atlantik, unfähig, sich jetzt
loszureißen, stockt, wabert sie und flutet
Weiden und Ufer.

Wenn sich alles verändert und entzündet und die Stimmen
in der Kälte ihr heiseres Gleichmaß
verlieren, erinnert sich keiner,
wie im Nebel die schweren Blüten des
Novemberkrauts
in grüner Flamme brannten.

Die ganze Nacht hindurch rollen Waggons,
und wie die Soldaten des letzten Regierungsbataillons
schüren die Schaffner weiter das Feuer in den Kesseln.
Solange Rauch über den Nachtzügen aufsteigt
und unsere Verbindung noch hält,
schaffen wir es bis in die Städte und hoffen,
dass die Eisenbahn weitermacht bis zum Ende
und uns beiden noch eine Chance lässt.

Die Wärme und die Geschichten, die du erzählst,
ähneln jetzt
Läden mit antiquarischen Büchern,
ich habe schon alles gelesen,
aber ich liebe die Erfahrung eines fremden Lebens,
einer anderen Liebe.

Im Oktober bleibt deine Verzweiflung
über die Unmöglichkeit, auch nur ein Wort zu ändern
in den Büchern der Dichter, die
du gerade liest,

es bleibt dein Erstaunen darüber,
was in unsern Herzen passiert,
wenn wir beide abwesend sind.

2

Hinter dem Zug, im Nebel, stand eine Wagenburg, ein Zigeunerlager,
das Wurzeln geschlagen hatte. Die Kinder scheuchten streunende Katzen
                                                              aus dem Gras,
verfolgten sie über die trockene Erde.
Die Männer saßen vor den Wohnwagen,
schauten dem Zug ungläubig nach –
wohin würde die Reise gehen bei solchem Nebel,
wo doch die Kühe jeden Morgen Milch brachten
wie die Erzengel die gute Botschaft.

Ein Mitreisender erzählte:
»Manchmal machen sie hier eine Razzia
und berichten darüber in den Nachrichten: Soundso viele
Personen wurden festgenommen und in die
alte Heimat zurückgeschickt.«
»Nach Indien?«, fragte jemand, »oder wohin?«
»Nach Swaljawa.«

In Swaljawa werden sie von zwölf Baronen erwartet.
Die sitzen um einen Eichentisch im renommiertesten Restaurant
und hören Radio, das für sie
nette Musik spielt. Die Kellnerinnen umstelzen sie
wie Reiher, und die Kinder verkriechen sich unterm Tisch.
Das Licht fällt durch hohe, verdreckte Scheiben

und in der Küche hallen Stimmen – Heimat
fängt für uns alle dort an,
wo wir landen nach der Vertreibung
aus dem Paradies.

Jetzt gehen wir unsere Sachen durch,
rüsten uns für den Winter, dieser Wechsel
von warm zu kalt
macht unsere Zweifel
einvernehmlich.

Mögen die Razzien eure Wagen verschonen und die heiseren Hunde
eure häuslichen Bitterkeiten nicht wittern.
Mögen alle Jäger, ausgesandt, auf eure Herzen zu zielen,
die Viehpfade zu den entfernten
Vorstädten einschlagen. Denn euch kümmern
nur die Geister und Geschöpfe im schwarzen Gras.
Sprecht sie an, berührt
die ungesagten, unbenannten
Feuerfunken.

Verirrte, solche wie ihr, werden immer
gefürchtet und gemieden.

Kinder werden verschreckte Vögel aus dem Nest jagen.
Die Vögel werden sich beruhigen und in ihre
Nester zurückfliegen.

3

So lange unterwegs,
dass die Apfelkerne, die sie zwischen die Schiffsplanken
gestreut haben, in Feuchtigkeit und Staub gedeihen.
Der Weg ist die Zeit, die wir brauchen, um unsere Verlorenheit
zu begreifen. Bäume wachsen

auf den Schiffen empor, die über die Flüsse ziehen.
Im Herbst
versinken die Schiffe im Schlick und stehen
in Wasser und Dunkel.

Was weißt du über Bäume? Bäume schlagen Wurzeln
in Gefängnissen und Maschinenhallen,
sie dringen in dämmrige Tiefen
und in die Winkel, wo trockenes
Korn und die Trinkwasservorräte lagern.

Was sollen sie jetzt tun
auf den Schiffen, die unter der Last von Blättern und Zweigen
langsam auf Grund sinken?
Wenn du an die Bäume denkst,
denk an alle, die du in deinem Leben gesehen hast,
an die Pfahlwurzel, die uns
mit dem Leben verbindet. Wenn du an die
grünen Äpfel denkst,
denk auch an die vielen, die auf dem Fluss gearbeitet
und versucht haben, wenigstens für einen Moment
die Strömung anzuhalten.

Ende Oktober.
Die Frauen verlassen das Ufer.
Der Wind lässt die schweren Handtücher schwingen
wie die Fahnen der Sieger.

Die Erde erwärmt sich und erkaltet.
Und du erwärmst dich
und erkaltest
mit ihr.

Regimentstrommeln

Wie viel Zeit ist vergangen,
wie viel ist passiert,
und jetzt tauchen sie wieder auf in den Straßen der Stadt,
aus der sie vertrieben wurden vor zehn, fünfzehn
Jahren, aus der ihre Körper
in warmen Lederjacken,
getränkt mit Pulver und Blut, fortgeschafft wurden.

Sie halten sich wieder an die Fußwege
und Kreuzungen – Teenager in Turnschuhen
und spitzen Slippern, sie überschreien sich
an ihren Handys, schicken Verwünschungen
an die Adresse des Teufels, der sie ins Gefolge
nimmt auf seinem Weg
in den Tod
und ins Vergessen.

Die Geschichte ist ein Spielautomat,
den andere Hände immer wieder für dich
in Gang setzen.
Nichts passiert aus Versehen,
alles kehrt an seinen Platz zurück.
Das Land, das im gelben Schnee
der Depression festsitzt, braucht frisches Blut,
deshalb werben anonyme Agitatoren
in Schlafstädten und Straßenbahnen
wieder junge Kämpfer an,
die Generäle von morgen,
die bereit sind, das Land neu aufzuteilen,
bereit, um Grenzen zu kämpfen und
Aufruhr zu inszenieren
in Büros und Waschanlagen.

Verlass mich nicht, Vaterland,
geh nicht mit den Sternen auf und davon,
bleib bei mir in den dämmrigen Parks
mit den Metallkästen der Spielautomaten,
die jemand mit schwarzen
Teenagerherzen in Gang gesetzt hat.
Wenn auch du mich verlässt,
habe ich dann genügend Zuversicht,
die Regimentstrommeln zu schlagen,
ihre Briefe zu verschicken,
mit dem Teufel
zu korrespondieren.

Versuchen wir es noch einmal:
Die Zeit kehrt in die alten Wohnungen zurück
und findet unsere Spuren nicht mehr.
Die Kinder sind trotzdem mutig
in ihrer Weigerung, sich kampflos zu ergeben,
deswegen laufen sie den Trommlern nach,
in ihren Turnschuhen, die dafür gemacht sind,
zum Angriff
überzugehen.

Verlass uns nicht, Hoffnung,
in dieser späten goldenen Ära,
wenn wir die Beute teilen,
aus Verzweiflung
die Liebesvorräte plündern
in den Armeedepots des Vaterlands.

Verurteilt, aber nicht besiegt

Hey, Reisender mit dem kaputten Gepäck,
dem Blut in den Manteltaschen, dem Gold im Magen,
was lungerst du in Unterführungen rum und reizt die Hunde?
Worauf wartest du auf deinen Säcken mit dem Bettzeug
vom Schlafwagenschaffner?

Ich warte, dass sich die Schleusen irgendwann öffnen
und es mich ins warme, unberührte Irgendwo spült,
das Schäferhunde wütend bewachen.
Ich warte, dass sie sich irren
und die Unterführung, den Korridor in der Nachtluft,
ein einziges Mal vergessen.

Und was liegt drin, in deinen Koffern?
Was steckt da, im Futter unter deiner Kleidung?

Alles, was man braucht, um nie zurückzumüssen:
Spieltiere, die ich zerbissen habe, um ihr Skelett zu sehen,
Fotokarten von Dichtern mit Augen, zerstochen vor Liebe und

                                          Missbilligung,
deren Gedichte – verzwickt wie Nummernspiele – ich auswendig
lernen wollte.
Briefe von Brüdern und Frauen,
Erde aus Gräbern und Stahl aus Werkhallen,
spitze Porzellanscherben, an denen ich mir ständig die Hände verletzte,
Kleinkram, den ich aus Opferkelchen in den Kirchen genommen habe,
in die ich vor dem kalten Regen geflüchtet bin,
und Kinderkleidung, zusammengetragen wie ein Herbarium.

Und was machst du, Reisender,
wenn du es auf die andere Seite geschafft hast?

Oh, da habe ich schon vorgesorgt.
Ich quartiere mich in der gefährlichsten Herberge ein.
Ich mache die Bekanntschaft mit dem widerlichsten Abschaum der Stadt,
mit den prominentesten Schandmäulern und Sängern.
Ich handele mit Schuhen und Inspiration,
verliere den Kopf, verdränge die Schwermut.
Ich entblöße die ruchlosesten Frauen der Stadt.
Leidenschaft und meine erschöpften Finger
machen sie unheilbar leicht.

Das Herz durchglüht wie Eisenbahnkohle,
werde ich kämpfen und siegen, damit ich, wenn es an der Zeit ist,
irgendwohin abhauen kann, nachdem ich alle entlohnt und betrogen habe.

Alle betrogen?
Sogar mich?

Sogar dich, Tod,
sogar dich.

Steine

I

Wir reden von Städten, in denen wir lebten
und die in die Nacht zogen wie Schiffe ins winterliche Meer,
von Städten, die plötzlich ihre Widerstandskraft verloren.
Davon, was vor unseren Augen
dargeboten wurde wie eine Zirkusvorstellung, in der alle
Akrobaten und lustigen Clowns sterben, und du schaust
gebannt zu, wendest den Blick nicht ab,
wächst unbemerkt auf
zwischen Zirkuskulissen.

Etwas Ähnliches ist mit unseren Städten passiert –
sie wurden uns einfach genommen, während wir saßen und amüsiert
zusahen, wie gewitzte Clowns mit verschwitzten Händen durch die
Feuerreifen sprangen und den Geruch
verbrannter Haut verbreiteten,
den Feuergeist der Hölle, den sie
in unser Leben getragen hatten.

*

Wir erinnern uns an alle, denen wir
auf demselben Korridor begegnet sind.
Hausmeister und nächtliche Brotverkäufer,
Einbrecher, grau wie Packpapier,
Taxifahrer mit Hupen statt Herzen,
Kinder, aufgewachsen zwischen alten Möbeln,
die nach Wald und Meer dufteten.
Eine Stadt aus Arbeitern und Kleinhändlern,
ärmlichem Marktvolk, das mit seinen Rufen
den Herbstnebel verscheuchte.

Passanten, mit denen wir
an Tramhaltestellen in den Regen gerieten,
alte proletarische Marotten, U-Bahn-Waggons,
vollgestopft mit Arbeitslosen wie Magazine mit Patronen.

Wie viel Dankbarkeit und Verständnis
haben wir dem Schicksal dafür bezeugt, dass es uns im Nacht-
gesang der Zikaden in die tiefen Hausflure geworfen hat, dass
über unseren Köpfen die Vorstadtluft
brannte, die Stein und Metall zum Schmelzen brachte.

*

Und jetzt reden wir von denen, die uns die Städte entrissen haben,
von den Städten, die verenden wie Haustiere,
und dass man uns die Schlüssel und Codes genommen hat,
mit denen wir die Türen der Krankenhäuser öffneten,
zwischen Licht und Dunkelheit durchschlüpften in den Apotheken
am Morgen,
wo in der Morgensonne
alle Schmerzmittel dieser Welt glitzerten.

So ist es, es tut uns nicht weh, wir packen einfach unsere Sachen
und laufen den Feuern nach, die uns aus der Finsternis leuchten.

*

Wer hat in unseren Städten die Macht übernommen?
Wer sind die Männer mit den tausend Nadeln im Hals,
die ihre Stimmen kalt und gefährlich machen?
Wer sind die kreischenden Clowns,
die da stehen und entscheiden,
ob man unseren Häusern die Herzen durchbohren und
ihr warmes Himbeerblut zapfen soll?

93

Ihre Politik, das sind Scherben aus Glas,
die sie dir vor die Füße streuen,
sie zwingen dich, ihnen zu folgen, nicht auf der Stelle
zu treten.
Ihre Politik, das sind Stricke statt Krawatten
an ihren Hälsen, starke Seile,
an denen man sie hängt, wenn sie
aus dem Rennen sind.

Und so kommen sie zusammen, in ihren
schwarzen Anzügen, Schornsteinfegern gleich,
Schornsteinfegern, die die Macht übernommen haben und jetzt
einfach nicht wissen, wo sie anfangen sollen.

*

Aber frag sie, was sie mit den Häusern gemacht haben,
in denen wir lebten, warum sie alle wie Hunde
hetzen, die ihre Gesichter ungeschminkt sahen.
Frag, was da ist, unter ihrer schwarzen Tusche,
und wann sie endlich
die zerstörte Infrastruktur der Bäume in Ruhe lassen,
wann sie zurückgehen, woher sie gekommen sind
und von wo sie ja niemand gerufen hat.

*

Hey, Schornsteinfeger,
eure verschrammten Hände,
die ihr ineinanderschlagt, wenn ihr vor Spaß applaudiert,
zu viel Farbe und Blut sind
unter euren Nägeln geronnen.
Ihr schleicht euch durch Fenster und Balkone in unsre Wohnungen.
Ihr steigt in unser Leben ein und schleppt
Ruhe und Sicherheit fort.

Eure zersetzende Agitation, mit der ihr Keller und Dächer
überzieht, sie modert zwischen uns
und vergiftet die Gewässer,
aus denen wir unverdrossen Wasser schöpfen.

*

Und weil wir nie mehr in diese Häuser, in die
Gemeinschaftsküchen zurückkönnen, wo die Luft rot war
von Sonne und Schnee, weil sie mit ihren Maschinen
sogar die Erinnerung einäschern,
rede ich über die Kälte, über das feine Spinnennetz des Sterbens,
das in den Kinderzimmern auftaucht
und in den Korridoren, die einfach
in die Vergangenheit führen.

*

Denn was sind unsere Erinnerungen?
Unsere Erinnerungen sind Flaggen, die niemand einholt,
auch wenn die Macht längst
gewechselt hat für lange Zeit.

Denn während wir zusahen, wie ein weiterer Zirkuskünstler goldene
Vögel mit brennenden Zungen aus seinem Ärmel schüttelte,
während wir gebannt verfolgten, wie aus unseren Taschen
Münzen und Postkastenschlüssel auf Nimmerwiedersehn verschwanden,
während wir diesen Zirkus anhimmelten,
haben sie unsere Erinnerung,
unsre ganze unbewegliche Habe aufgekauft, den
unbeweglichen Himmel zum Beispiel oder die unbeweglichen Planeten,
die vor unseren Fenstern standen.

Sie haben einfach ihre Arbeit getan, während wir
spüren wollten, wie die Zeit entsteht

und in dem dunklen, verqualmten Raum
der Zirkusvorstellung zu leuchten beginnt.

*

Finanzen, das ist die Luft, die wir atmen, haben sie uns erklärt,
und wenn sie uns vorenthalten wird, zerreißt es
unsere Lungen wie Torpedos.
Wir kennen den Preis für deine Vergangenheit.
Wir kennen den Preis für deine Stimme,
die du hütest wie Tafelsilber.
Wir kennen den Preis für all deine Zweifel.
Wir kennen den Preis für all deine Wut.

Finanzen, das ist das Gras, das nicht dem gehören muss,
der den Rasen mäht.
Für uns sind Städte nur Kanäle,
in denen wir Jagd auf den schwarzen Hai
der Finanzstabilität machen,
nur Seen voller
Wasserleichen,
deren Preis wir ebenfalls kennen.

*

Aber wir zwei, über wen beklagen wir uns?
Alles, was wir hatten, das haben wir ihnen selber überlassen.
Das städtische Grün, die Denkmäler der Dichter haben wir ihnen
überlassen.
Unsere Keller und Schuhmachereien haben wir ihnen überlassen.
Wir standen einfach da und schauten zu,
wie unsre Städte im Dezembernebel verschwanden.

Darum los, komm zurück,
noch können wir alles wiedergewinnen.
Sie können uns ja doch die Anhänglichkeit
an die Geografie nicht austreiben.
Sie können nichts ausrichten, sobald du zurückkommst
und dich an alles erinnerst.

Wieder zur Sprache bringst, was schon vergessen war.
Dem Gedächtnis Namen entnimmst wie Instrumente den Futteralen.
Dich auf die sandigen Dünen der kindlichen Träume begibst.

Um nichts zu verlieren.
Um alles zurückzuholen.

II

Damals hatte alles gerade begonnen, und die Nächte waren so kurz,
dass Träume nicht geträumt werden konnten,
in der Luft hingen wie Sonnenstaub
und den Schlaf untergruben.

Alles war gerade im Entstehen, leuchtete wie Feuer,
und Blut explodierte in den Kohlebuchten der Nacht.
In jenem endlosen Sommer, auf den glutheißen
Straßen, in der Stadt, die uns eine Stimme gab,
schien das Leben vertraut und so verständlich,
es verströmte Wärme
wie Wannen, gefüllt mit
Regenwasser.

*

Irgendwo da, zwischen den Korridoren,
den heißen Gasherden, auf denen man den Junihimmel
aufwärmte, einte uns, ich weiß es noch,

der Feuergeschmack im Mund, die Stimme der Freiheit
auf den Treppen, die trunkene, angstlose Stimme
unserer Freiheit.

Das ganze Leben passte in ein paar Häuser
auf einer der stillen Straßen,
und alle wussten, dass uns unsere Ähnlichkeit trägt,
unser Versunkensein im tiefen Wasser der Hoffnung,
solang noch ein Herz hinter dem nachtwärts geöffneten Fenster schlägt,
solang noch das glückliche Stöhnen der Frauen zu hören ist,
wovon die Kinder im Schlaf kichern
und die Morgenvorstellungen im Kino verschlafen.

*

Die Frauen, jede verbarg ihre
Beute, die schwarze Sonne, unter der Kleidung,
sie liefen über die stachligen Decken wie Vögel über Oktoberfelder.
Und ihre Haut war trocken wie Briefe übers Wetter.
Und Regenwasser machte ihr Haar kräftig wie Schiffstaue.

Dann kehrten sie durch die langen Korridore zurück,
die Regenduft und Straßenbahnklingeln erfüllten.

Ihre Bäuche waren warm wie die U-Bahn im Winter.
Ihre Stimmen schwarz wie die Fußballfelder an den Schulen.
Ihre Nägel im Sommer so kalt und im Spätherbst so heiß.

*

Wie schnell sie aufwuchsen, sich die Langsamkeit der Bewegungen
und Blicke aneigneten, wie ihre Haut Reife und Tiefe bekam.
Im Heranwachsen ähnelten sie plötzlich Gewässern,
in denen es endlich Fische gab.
Wie hartnäckig sie nach ihrer Liebe suchten,

sich lange küssten, so lange, dass du ihre Namen vergessen hast,
so lange, als wollten sie dir Sauerstoff abgeben,
damit du atmen kannst
in dieser propagandageschwängerten Stadt.

Die Frauen, die auf den Fluren des Kummers alles verloren haben,
wärmten sich morgens in den Gemeinschaftsküchen,
entflammten das Gas, das den Himmel erhitzte.
Und das Gas reißt sich vom Vergessen los,
leuchtet im Dunkeln wie matte Sonnenblumen,
als hätte jemand den Jagdbombern ein Signal gegeben,
dass sie geflogen kommen und Bomben werfen
auf jene Küchen.

*

Männer mit Herzen, von Benzin
verschmiert, sicherten die Häuser gegen zufälligen Durchzug,
verriegelten die Schlösser an den Türen,
jagten durch die offenen Fenster
die Vögel hinaus, die in die Küche flogen
und sich aus Blechdosen
die bitteren Kaffeebohnen pickten.

*

Damals ging es ihnen gut.
Morgens liefen sie auf die Treppen und Straßen hinaus,
und das Leben fand nur für sie statt,
ihre abgetragene Kleidung und ihre Sporttaschen,
in denen sie Tabak
und Klappmesser trugen,
gaben dem Leben eine Ordnung
wie die Morgenzeitungen.

*

Jetzt, wo all das vorüber ist, würde ich sagen,
dass sich in den Städten, in denen wir lebten, vor allem die Gesichter
geändert haben. Sie haben Ruhe und Gleichmut verloren
und eine kalte Fremdheit angenommen.

Ich rede von den Stimmen der Männer und Frauen,
die aus den Straßen und Parks verschwunden sind.
Wie Planeten entflammt
von Liebe und Armut,
aus der Umlaufbahn geraten,
zerschellten sie in Staub und Dämmer.

Und weil es mir nicht mehr vergönnt ist,
ihre Schatten zu sehen,
weil sie keine Kommentare
hinterlassen haben, wiederhole ich ihre schwierigen,
fast vergessenen Namen, versichere ihnen, dass sie wirklich
alles richtig gemacht, sich tapfer gehalten haben,
weil sie wussten, dass man nicht einfach alles aufgeben darf,
womit man so lange gelebt hat.

Dass man seine Wohnviertel behaupten,
die Verrückten mit brennenden Zeitungen in der Hand,
die alles niederbrennen wollen, vertreiben muss.

*

Und weil uns nicht vergönnt ist,
in die verschneite, schweigsame Stadt zurückzukehren, die uns eine
                                        Stimme gegeben hat,
in der morgens eine unglaubliche Wärme aus U-Bahn-Schächten und
                                        Luken strömte,
in der die Schüler in den Buchläden Gedichtbände
und aggressive Kopierstifte
stahlen;

weil wir die Stadt für immer an die Vergangenheit verloren,
sie zurückgelassen haben wie Schützengräben, in denen wir hätten sterben
                                                                    sollen,
vielleicht sind deshalb alle unsere Gespräche über sie
so voller Bitterkeit und Verzweiflung.

*

Aber damals, in dieser grünen Nacht,
war bei keinem von uns
von einem Feuer die Rede,
das unsere Häuser einäschern könnte.

Wir wuchsen in unsere Städte hinein
wie in Schuluniformen,
wir hörten, wie gegen Abend
unsere Nachbarn aus Fabriken und Büros zurückkehrten.

Und wenn sie einschliefen, zogen in ihren Träumen
Schiffe übers winterliche Meer.
Und wenn der Tod sie holen kam,
lagen sie in dunklen Anzügen
wie warme Hülsen in den Taschen der Apostel.

Damals ließ sich noch nichts vorhersehen.
Keiner wusste Rat
gegen Verlust und Vertreibung.
Jemand setzte neue Schlösser
in die Haustüren ein, jemand dichtete alle Fenster ab,
und jetzt schlagen die Vögel schmerzlich gegen die Scheiben,
wenn sie versuchen, in die Kinderzimmer zu fliegen.

*

Mit der Erinnerung ist es immer
wie mit warmem Regenwasser,
aufgefangen in Krügen und Flaschen,
sie verschwindet nicht,
doch langsam und unwiederbringlich,
unmerklich und traurig
verliert sie
ihre
Wärme.

III

Wenn der Verkehr
auf den entfernten Parzellen wieder auflebt
und die Flüchtlinge vereint, die sich
seit Monaten in den schwarzen Hafenlöchern versteckt hielten,

wenn der zähe Winter abzieht,
mit all den Erkältungen und heiseren Mundarten
der Straßensänger,
steh auch ich beim Bahnhof, die Fäuste
in den Taschen,
atme die zerfetzte Märzluft aus,
mit denen, die gezielt und überlebt, die all die Tage
das Recht unserer Viertel auf Freiheit und Leichtigkeit verteidigt haben,
mit denen, die hartnäckig untergetaucht sind, sich nicht ergeben,
die am eigenen Leib Feuer und Blei gespürt haben,
die nachts gefallen sind
statt des Winterregens.

*

Genau da, genau da taucht aus der Dämmerung der Zug auf,
auf den wir so lange gewartet haben,
genau da fährt die endlose Reihe von Waggons langsam

in den Hauptbahnhof der Stadt ein, die die Reisenden einst verlassen
hatten.

Und alle, die zurückkehren wollen, tun es auch.
Sie entkommen den Städten nicht, aus denen es sie –
die Bahnschwellen entlang – forttrug.
Und wir alle, die an diesem seltsamen Abend versammelt sind,
wenn Sonne und Mond über unseren Köpfen schweben wie
Flugapparate,
wenn die Krähen über uns kreischen
wie Fußballfans,
wir alle versuchen über unsere Städte zu reden,
die wir so leichtfertig anderen überlassen haben.

*

Dann springen sie auf die Bahnsteige und werfen ihre Koffer
mit tausend Aufklebern durchs Fenster, umarmen sich
lachend und lassen eine Flasche
mit heißem Piratenrum kreisen.

Oh, rufen sie, alles ist gekommen, wie es kommen musste,
alles ist an seinen Platz zurückgekehrt,
und wieder stehen wir unter
dem schwärzesten aller Himmel,
der uns zäh und geduldig gemacht hat.

Und nun betreten wir wieder die süße Erde
an unserem Zielbahnhof,
die Wärme des Alkohols verätzt
uns den Gaumen,
und singend kehren wir in die Stadt zurück,
die sich fast gar nicht verändert hat,
die sich kein bisschen verändert hat.

*

Doch atmet es sich hier mit jedem Mal schwerer,
als hätte jemand all unsere Enttäuschungen in die Luft gemischt,
es braucht den tiefen Wunsch, nicht zu ersticken,
um diese Luft weiter zu atmen.

Nur vermissen wir jetzt Bäume vor dem Fenster und Häuser
in den Straßen und Hunde in den Höfen,
als hätten unsichtbare Scharfschützen unseren widerspenstigen Städten
die heißen Herzen weggeschossen,
die Herzen der Bäume, Hunde und Häuser.

Jemand hat lange und gründlich alles niedergebrannt,
das alte Ziegelwerk rausgeschlagen, wie man Zähne
ausschlägt im Straßenkampf,
und unsere Städte in dunkle
Metallkästen verwandelt, voller Glasscherben
und Altpapier.

Jemand ist mit der schwarzen Armee der Angst in unsere Städte
einmarschiert,
hat Waggons aufs Abstellgleis geschoben,
beladen mit Hoffnungslosigkeit.

*

He ihr, die ihr euch hier versammelt habt an diesem Abend,
wo so schnell die Namen derer auftauchen,
die wir nicht schützen konnten,
wo sich mit dunklem Blut
die Bäume füllen, die der Invasion und dem Feuer getrotzt haben.

Weil wir über die Städte reden,
die uns das Stimmrecht gegeben haben,
reden wir darüber, dass uns bislang keiner dieses Recht
streitig gemacht hat und dass wir alles aussprechen müssen,

woran wir uns erinnern.
Die Stimme hält uns zusammen
in diesem langen Herbst,
die Stimme gibt unseren Kehlen Kraft,
die es längst gewohnt sind,
Straßenbahnen und Radiosender zu übertönen.

Lauf meiner Stimme nach, folge meinem Atem,
was können sie uns anhaben, solange wir einander hören,
wie können sie unser Schweigen erzwingen,
wenn wir das nicht wollen?

Ihre Bosheit rechnet mit Schweigen,
ihre Sendungen ertragen unsere Stimmen nicht.
Ihre Presse zerquetscht diejenigen,
die sich bereitwillig unter die Rollen legen.

Aber wie werden sie sich verteidigen,
wenn wir alle den Mund aufmachen?
Wie wollen sie uns zusetzen, wenn wir aufbrechen,
um unsere Straßenköter zu beschützen?
Wie begründen sie, dass wir
auf unsere Stimme
verzichten sollen?

*

Wir reden über den Herbst, der uns alle umfängt,
alle, die sich zwischen den Orchestern und Krähen versammelt haben,
reden über die beklemmende Akustik der Stadt, die unsere Worte ganz
leicht macht.

Wir reden über das Herz unserer Stadt, schwarz
von Verlust und Protest, wir reden über ihre kampf-
geschundenen Knochen, über Tränen und Schweiß, die

ihr am Ende einer Arbeitswoche
austreten.

*

Noch ist nichts verloren.
Noch lässt sich alles zurückgewinnen.
Noch hängt alles von uns ab, von unserer Erinnerung,
von der Liebe unter uns.

Rede, rede, Hauptsache, es redet jemand,
es ist wichtig, dass unser beider Stimme
immer zu hören ist.

Atme, atme, Flüchtling, mach deine Arbeit,
lass dich von ihnen nicht an den Kiemen packen.

Alles beginnt erst.
Und wenn du von den Konzerten und Versammlungen heimgehst,
spürst du, wie stark die unterirdischen Steine deiner Stadt
die Wärme speichern.

Zweiter Teil
Luhansker Tagebuch

An der südöstlichen Ausfahrt von Charkiw Richtung Tschuhujiew ist ein Kontrollposten. Der MP-Schütze überprüft träge die Fahrzeuge, die in die Stadt wollen. Dunkle neue Waffe, Sandsäcke, die die Situation dramatisch erscheinen lassen. Schnell wird klar, dass alles harmlos ist: Ein sonniger Morgen, frisches Grün, die Siedlungen entlang der Straße – ein weißes Blütenmeer. Am Straßenrand tobt der Präsidentschaftswahlkampf. Die Milizionäre streifen sich kugelsichere Westen über ihre dunkelblauen Diensthemden. Iwan, mein Bekannter, der während der Ereignisse auf dem Maidan die Priester geschützt hat, kommentiert das mit unverhohlener Ironie: »Sie geben gleich einen Tipp, wohin man im Fall der Fälle zielen muss. Natürlich nicht auf die kugelsichere Weste.« Hinter Tschuhujiew verlassen wir die Schnellstraße nach Rostow und fahren in Richtung Starobilsk. Die Straße wird merklich schlechter, man würde dem früheren Gouverneur dazu gern ein paar Fragen stellen, aber hier, zwischen den Feldern, nimmt niemand Beschwerden entgegen, uns bleibt nichts weiter übrig, als die zahlreichen Schlaglöcher vorsichtig und langsam zu umfahren und auf der Straße, die an einen Bombenacker erinnert, mühsam vorwärtszurollen.

Gegen zwei sollen wir in Starobilsk sein. Gegen halb neun in Luhansk. Unser Kofferraum ist mit Büchern vollgepackt. Wir einigen uns, an den Kontrollposten Russisch zu sprechen. Die Nachrichten über die aktuelle Lage im Gebiet Luhansk ziehen wir uns aus dem Internet. Geliefert wird wenig Information und viel Panik. Wir machen uns auf einige Überraschungen unterwegs gefasst. Mir ist klar, dass die Realität von den Fernsehbildern abweichen wird. Sicher ist alles halb so wild, trotzdem klinke ich mich in das Gespräch über Umgangsformen und Verhaltensregeln in der »Krisenregion« ein.

Im nächsten Städtchen, in Kupjansk, überqueren wir eine Brücke. »Hier«, erkläre ich, »standen die Figuren aus meinem Roman *Die Erfindung des Jazz im Donbass* im Stau. Der Hauptheld ist dann zu Fuß weitergegangen. Wir folgen seiner Route.« Vor Swatowe gabelt sich die Straße – links geht es nach Starobilsk, dort ist es ruhig, dort sitzt die ukrainische Armee, rechts geht es nach Lyssytschansk, was sich dort tut, ist schwer zu sagen. Der Kontrollposten an der Gabelung sieht solide aus: Betonplatten, Sandsäcke auf dem Turm der Verkehrswacht. Ungefähr zehn Milizionäre. Mit alten, abgeschabten Kalaschnikows über der Schulter. Sie lassen sich von Aljona, unserem Fahrer, die Papiere zeigen. Finden irgendeine Ungereimtheit, es läuft auf ein Bußgeld hinaus. Aljona feilscht ziemlich geschickt, ich bin hier mit Schriftstellern unterwegs, sagt er. Die Milizionäre beißen an, bitten um ein Buch. Und um eine Widmung: »Für den Kontrollposten Nummer 5«. Sie versprechen, es zu lesen, sobald sie frei haben. Wie wollen sie das anstellen, frage ich mich. Laut vorlesen oder sich reihum abwechseln? Sie lassen uns durch, ohne uns abzukassieren. War das jetzt eigentlich Bestechung? »Slawa Ukrajini«, Ruhm der Ukraine, die Parole vom Maidan, ruft ihnen Aljona zum Abschied zu. Die Milizionäre reagieren verhalten und verwundert, aber ohne Aggression oder Wut. Die Jungs hier sind gut drauf, ganz so, als wären sie zu einem Picknick aufgebrochen und hätten für den äußersten Notfall ein paar Kalaschnikows dabei.

In Starobilsk erwarten uns die hiesigen Maidan-Aktivisten. Wir kommen mit dreister Verspätung, aber sie harren aus. Wir treffen uns mit ihnen in einer riesigen Aula, einem Bau aus der Zarenzeit. An den Wänden hängen sozrealistische Gemälde, auf denen die glückliche kommunistische Zukunft dargestellt ist – Schüler, Arbeiter, die internationale Jugend. Iwan überschlägt rasch, was die Leinwände auf dieser oder jener Auktion wohl bringen würden. Schnell wechselt das Thema von Literatur zu Politik. Die Leute beklagen sich über die neuen Anordnungen aus Kiew und behaupten, die ganzen »Alten« seien wieder am Ruder und hätten die Region hier abgeschrieben. Auf die Stimmung in der Stadt sind sie stolz; gestern, so erzählen sie, sollte eine prorussische Demo stattfinden, aber die Demonstranten wurden sofort von einer viel größeren Zahl proukrainischer Protestierender umzingelt, so dass die »Separatisten-Demo« sich auflöste. Die Bühne ist mit Kulissen zugestellt. »Wetten, dass da noch ein Lenin hängt«, sage ich. Unsere Gastgeber sind pikiert; ausgeschlossen, sagen sie. Wir schieben die Kulissen beiseite – und stoßen tatsächlich auf Lenin. Wer hätte das gedacht.

Ein Anruf von meinem Bruder, der immer noch hier in der Stadt lebt, er will mich treffen. Sein Patenonkel Edik ist Opa geworden, es wird gefeiert, und ich bin eingeladen. Die Runde sitzt unter Bäumen, das Fest ist in vollem Gange, in einem geöffneten Kofferraum stehen Boxen und spielen grässliche Musik. Die Männer führen das Wort, sie reden nicht, sie schreien, einer lauter als der andere. Die Feier ist schon fortgeschritten, als später Gast finde ich schwer Anschluss. Ihre Ansichten sind radikal, sie lehnen alle ab: die Regierung in Kiew, Janukowytsch, Putin. Sie schimpfen auf die Separatisten. Edik ist Russe, sein Vater war ein echter Zigeuner aus Rostow, der seinerzeit auf offener Straße niedergestochen wurde. Beim Verabschieden wird Edik plötzlich nüchtern und erzählt von seinem Sohn. Er ist Oberleutnant bei den Truppen des Innenministeriums, seine Teileinheit bewacht derzeit irgendein Gebäude in Donezk. Jeden Tag ruft er Edik an, weiß nicht, was er machen soll. Sagt, dass sie nicht schießen werden, weder auf die einen, noch auf die anderen. Während des Maidan war seine Teileinheit nach Kiew abkommandiert worden. Einen Tag standen sie auf der Straße, danach machten sie kehrt und suchten das Weite. Drei Tage saßen sie in irgendeinem Wald, ohne Essen. »Wenn die meinen Sohn umbringen«, sagt Edik ruhig und tapfer, »dann hol ich mir ein Gewehr und schieße. Ich bin Jäger, ich bin ausgerüstet.«

Wir verabschieden uns wie zwei alte Freunde. Die Stadt scheint gegen die Separatisten zu sein, obwohl dieser Tage einem proukrainischen Aktivisten der Laden angezündet wurde. In der Innenstadt hängen blau-gelbe ukrainische Bändchen an den Bäumen. An der Ausfahrt russische, die weiß-blau-roten.

Wir fahren weiter. An der Ausfahrt der Ortschaft Schtschastja ist ein Kontrollposten der Separatisten: zwei Berge mit Autoreifen. Die Separatisten sind nicht zu sehen. Die Einwohner behaupten, gegen Abend seien die »Aufständischen« meist nicht mehr ganz nüchtern, vielleicht lägen sie einfach irgendwo und schliefen. In Luhansk steht auf einer Hauswand »Vorwärts, Russland«. Weiter gibt es keine Politik, nur stille, ruhige Straßen, Mütter mit Kindern, ein lauer Abend, eine große rosige Sonne versinkt hinter den Hügeln.

Ljoscha, der Chefregisseur des Luhansker Puppentheaters, freut sich und versichert, alles würde klappen, zu fürchten brauche man sich vor niemandem, und wir hätten eine wundervolle Lesung vor uns. In der ganzen Zeit, sagt er, seien nur ein einziges Mal zwei Personen gekommen, maskiert und mit Maschinengewehren. Ljoscha vermutet einen Zusammenhang mit der Aufführung von Taras Schewtschenkos *Traum*, das hätte die Kämpfer wahrscheinlich interessiert. Im Zuschauerraum sitzt überwiegend junges Publikum. Nach der Lesung erzählt Ljoscha lange und angeregt von Luhansk, spricht darüber, wie sehr sich die Stadt von Donezk und auch von Charkiw unterscheidet, und schlägt vor, im Herbst gemeinsam ein Festival zu organisieren. Er erklärt, wie wichtig es sei, im Osten wenigstens irgendwas auf die Beine zu stellen. Zu guter Letzt erinnert er sich daran, wie er in seinen Studentenjahren Ende der 1980er im Molodizhnyj-Park in Charkiw am Denkmal für die Opfer des Holodomor[1] Wache gehalten hat. Ich sage ihm, dass ich mich an diese Mahnwachen auch erinnern kann, obwohl ich damals noch ganz jung war. Wir verabreden ein weiteres Treffen. Es ist so ziemlich das erste Mal, dass, während wir über unsere Pläne reden, keiner sagt: »Wenn alles gutgeht«. Es wird gutgehen. Das ist doch klar.

An der Ausfahrt aus Luhansk der nächste Kontrollposten. Die Milizionäre werfen schweigend einen kurzen Blick in den Kofferraum. »Sieht aus wie in Georgien.« Aljona nickt in Richtung der fliederschwarzen Dämmerung. »Die ganzen Berge.« – »Das sind die Abraumhügel«, erkläre ich ihm.

Altschewsk ist still und verschlafen. Der Fernseher in der Wohnung empfängt ein paar Sender. Ukrainische natürlich. Schließlich sind wir in der Ukraine.

---

1 Holodomor, deutsch Hungersnot, bezeichnet die durch die Kollektivierung der sowjetischen Landwirtschaft ausgelöste Hungerkatastrophe der Jahre 1932-1933, der nach wissenschaftlichen Schätzungen etwa 3,3 Millionen Menschen in der Ukraine zum Opfer fielen. (A.d.Ü.)

Oleh, der eine kleine Gartenbaufirma besitzt, hat schon im November an seinem Firmengebäude eine EU-Fahne angebracht. Zwei Wochen vor der geplanten Unterzeichnung des Assoziierungsabkommens. Seitdem hängt die Fahne da. Oleh behauptet, die Anwohner würden nicht auf die Fahne reagieren. Es wären zwar ein paar Mal »junge athletische Männer« da gewesen, sie hätten sich aber ausschließlich für Setzlinge interessiert. Das Bürogebäude sticht ins Auge, ein Designerhaus, weiß, mit Holz verkleidet, hebt es sich ab von den trostlosen Privathäusern und einförmigen barackenähnlichen Nachkriegsklötzern ringsum. In Olehs Kleinbus hängt ein blau-gelbes Bändchen. Er sei schon längst in die EU eingetreten, witzelt er, bis der Rest des Donbass so weit sei, könne er nicht warten. Das ist dem Donbass wahrscheinlich entgangen. Ebenso wie das Bändchen, das in Olehs Bus hängt. Ärger scheint ihm das nicht einzubringen.

Im Großen und Ganzen ist in Altschewsk alles ruhig. Nicht einmal ein Auto mit einem Georgsband[2] ist zu sehen. Auf dem leeren Busbahnhof sitzt immerhin ein einsamer Fahrgast mit einem solchen Bändchen; er harrt auf einer Bank aus und verfolgt träge die vorüberfahrenden Autos. Sonst deutet nichts darauf hin, dass Luhansk mit seiner besetzten Sicherheitsbehörde in unmittelbarer Nähe ist. Und auch Donezk, wo man gestern zum wiederholten Mal eine Versammlung aufgelöst und Geiseln genommen hat, ist nicht gerade weit weg. Nimmt man die Zone um die Barrikaden mal aus, ist es sogar in Luhansk ruhig. Die Gesamtsituation ist merkwürdig und verworren. Jeder spricht nur über Politik, über die Separatisten und die russische Armee, doch es gibt keinerlei Anzeichen dafür, dass dem Land ein Krieg bevorsteht. Würde man kein Fernsehen schauen und keine

2 Das Georgsband ist ein Symbol militärischer Tapferkeit in Russland. Es besteht aus einer Kombination aus drei schwarzen und zwei orangefarbenen Streifen. Viele Jahre erinnerte es an die Tapferkeit im Zweiten Weltkrieg, wird heute aber von den Gegnern der Ukraine als Gegensymbol zu den gelb-blauen Bändchen eingesetzt. (A. d. Ü.)

Nachrichten lesen, böte sich das Bild eines friedlichen, ruhigen Lebens. Abgesehen von den Kontrollposten.

Oleh hat seine eigene Erklärung für die Geografie der Separatistenbewegung. Seiner Meinung nach werden die Separatisten von den »reichen« Städten, in denen es funktionierende Betriebe und ausreichend Arbeitsplätze gibt, ignoriert. »Die Leute haben ihre Beschäftigung, sie halten sich an das, was sie haben«, erklärt Oleh. Die Chefs des hiesigen Kombinats hätten gleich zu Beginn der prorussischen Kundgebungen ihren Mitarbeitern klargemacht, dass jeder, der sich an einer dieser Kundgebungen beteiligt, entlassen wird, sagt Oleh. »Gut, aber was ist mit Kramatorsk und Slowjansk?«, wende ich ein, »das sind ja nun nicht die ärmsten Städte im Donbass. Und sie sind trotzdem besetzt worden.« Oleh gibt mir Recht.

Meinen persönlichen und subjektiven Beobachtungen nach zu urteilen, kann niemand logisch und plausibel erklären, was hier vor sich geht und wo die Gründe liegen. Vielleicht ist alles gut organisiert und tadellos abgestimmt. So tadellos, dass jede Einflussnahme scheitert. Und so gut organisiert, dass die Strippenzieher ihre Kulissen gar nicht verlassen müssen. Einerseits betrachtet die örtliche Bevölkerung die Radikalisierung der Ereignisse überwiegend argwöhnisch (was nicht verwundert), andererseits finden sich doch jedes Mal genügend Personen, die bereit sind, »für die Stimme des Donbass«, »für unsere Erinnerung und unsere Geschichte« in Stellung zu gehen. Oder sich wenigstens als lebende Schutzschilde vor die eigenen Soldaten zu stellen. Die meisten Bewohner jedoch sitzen einfach nur da und beobachten das Geschehen. Und das, was sie sehen, gefällt ihnen nicht besonders.

Die prorussischen Kundgebungen in Altschewsk bleiben friedlich und zahlenmäßig klein. Es werden keine Gebäude besetzt. Ich frage Oleh nach der Stimmung unter der hiesigen Miliz. Er sagt, er habe mit einigen einfachen Milizionären gesprochen, die ihm versicherten, sie würden ihre Reviere verteidigen, »wenn die Chefs das anordnen«. Wenn nicht, dann nicht. Das ist auch ziemlich typisch: Wenn es die Chefs befehlen, werden sie schießen, wenn die Chefs drohen, bleiben sie der Kundgebung fern, wenn die Chefs Veranstaltungen anberaumen, bejubeln sie das Vaterland. So viel zur Bedeutung der Hierarchien hier in der Region. Besser nicht nachdenken, wer die Chefs sind.

Dann erzählt Oleh noch, wie er auf einer Kundgebung war und mit Maidan-Gegnern geredet hat. Mit einem Bergarbeiter hatte er folgende Diskussion: »Was willst du?«, fragte er ihn. »Dass sie uns in Ruhe lassen«, antwortete der Kumpel, »und dass wir unabhängig sind.« »Unabhängig von wem?«, wollte Oleh wissen. »Von allen. Ich will von allen unabhängig sein.«

Das war allerdings kein Gedanke, der von oben vorgegeben wurde.

29.04.2014

Der Kontrollposten zwischen Altschewsk und Luhansk. Vielleicht zehn Bullen und zwei Verkehrspolizisten. Keine Fahne. Sie lassen alle passieren, ob Lieferwagen, ob Bus. Unseren Kleinbus winken sie einfach durch. Wenn wir ein paar Säcke Waffen nach Luhansk schmuggeln wollten, wäre das die richtige Passierstelle. Seit der letzten Nacht ertrinkt alles ringsum in Regen, der Himmel zieht sich bis zum Horizont. Das morgendliche Luhansk ist nass und geschäftig, Kleinbusse mit Beamten und Studenten, Passanten, die über Pfützen springen. Über der Gebietsverwaltung flattert die sowjetische »Fahne des Sieges«, am Fahnenmast daneben weht die ukrainische Flagge. Vor dem Verwaltungsgebäude steht eine hastig errichtete Barrikade, dahinter ein MP-Schütze mit Sturmmaske. Er wird nervös, als wir ihn fotografieren. Aus dem Gebäude kommt ein Zweiter, auch er hat ein Maschinengewehr. An der Stadtverwaltung ist es ruhig, die Staatsflagge hängt an ihrem Platz. Vor der Staatsanwaltschaft weht die Sankt-Georgs-Fahne. Am Berufungsgericht die russische Trikolore. Ein Wachmann von hier tut Dienst vor der Fernsehanstalt. Die Programme laufen unter dem blau-gelben Banner und der zweisprachigen Aufschrift »Ein einiges Land«. Nichts deutet auf die hitzigen Ereignisse von gestern hin. Am interessantesten ist es natürlich vor dem Gebäude des nationalen Sicherheitsdienstes. Barrikaden, Zelte, Plakate und zwielichtiges Volk mit Maschinengewehren. Manche in Tarnkleidung, andere in Trainingsanzügen. Die Kalaschnikows tragen sie wie Taschen, mit denen sie zum Markt gehen; sie baumeln herum und hindern am Reden. Es bilden sich Gruppen, die die Straße entlangschlendern. Zu tun gibt es offenbar nichts – jemand kommt angefahren, jemand geht weg. Gesamtaufnahmen sind erlaubt, Einzelaufnahmen verboten. Allerdings reißt sich auch niemand sonderlich darum, Fotos zu machen.

Wir sprechen mit Jewhen, dem Journalisten einer lokalen unabhängigen Internetseite. Gestern habe er die Besetzung der Gebietsverwaltung gestreamt, erzählt er. Plötzlich seien junge Männer gekommen, hätten ihn bedrängt und ihm befohlen mitzukommen. Hätten ihn in einen LKW verfrachtet und zum Fluss gebracht. Ihn »gebeten«, künftig nicht mehr zu filmen, sonst müsse er die Stadt verlassen. Was er vielleicht nicht einmal mehr schaffen würde, fügten sie hinzu. Danach zogen sie sich zurück. Jewhen hat überlegt, ist zurückgekehrt und hat sein Streaming fortgesetzt. Er erzählt von Veränderungen in der Separatistenbewegung, davon, dass die Tanten von der Sozialfürsorge meist die Ersten seien, die Demos organisierten. Über die Russen weiß er nichts. Dass die früheren Handlanger von Janukowytsch weiterhin über Einfluss in der Region verfügen, hält er für ausgemacht. Er erzählt, die Bullen hätten tags zuvor den Separatisten eine Liste von Maidan-Anhängern ausgehändigt – mit Adressen und Telefonnummern. Deswegen hätten viele Leute letzte Nacht nicht zu Hause geschlafen, sondern seien bei Freunden untergetaucht. Er erwähnt auch seine Vorlesungen an der hiesigen Universität, erzählt, dass die Anzahl der prorussischen Studenten in den vergangenen Monaten zugenommen habe – vorher hätten sie Janukowytsch unterstützt, jetzt seien sie für Putin. Wir fahren zurück nach Altschewsk. Auf einen Zaun ist eine UPA-Fahne gemalt. »Russland« ist darüber geschrieben.

In dem alten und feuchten Landsitz des Polen Mścichowski treffen wir uns mit Freunden. Perewalsk liegt in unmittelbarer Nähe. Auch nach Altschewsk ist es von hier aus nicht weit. Hier ist überhaupt alles dicht beieinander. Am Nachmittag fährt eine Hochzeitsgesellschaft vor, um vor der romantischen Kulisse ein paar Erinnerungsfotos zu schießen. Sie grüßen und nehmen die Fremden in den Blick. Plötzlich stürmt der Brautführer in den Saal. Die Augen grün und blau, die Hand bandagiert. Er setzt eine Sonnenbrille auf, um die Veilchen zu verdecken. Mit der Brille sieht er allerdings nichts, also nimmt er sie wieder ab und beginnt ein Gespräch. »Selbstverteidigung Brjansk«, stellt er sich vor, »falls irgendwas sein sollte. Seid ihr für die EU?« Das Gespräch stockt. »Und wo kommt ihr her?« Ein zweiter Versuch. »Charkiw«, sage ich. »Charkow kenne ich, war ich schon mal«, sagt er. Dass wir kein Interesse zeigen, missfällt ihm sichtlich. Er will sich vor irgendeinem Gemälde fotografieren lassen, findet auf der Fensterbank einen Hammer, nimmt ihn zur Hand, ist angeödet, weiß nicht, was er noch fragen soll. Jemand vom Personal kommt und will ihn nach draußen führen. »Rechter Sektor«, sagt der Brautführer mit Nachdruck und zeigt auf uns. Er wird hinausgeführt. Unterdessen nimmt ihm jemand den Hammer ab, den er unauffällig mitgehen lassen wollte.

Abends in Altschewsk erfahren wir, dass die Stadtverwaltung besetzt worden ist. Wir ziehen los und schauen uns das an. Die russische Trikolore ist gehisst, auf der Vortreppe stehen zehn Männer in Zivil. Waffen sind keine zu sehen. Die Männer stehen da und starren auf den leeren Platz, den ein endloser Regen überschwemmt. Der lokale Fernsehsender zeigt ein Treffen des Bürgermeisters mit den Separatisten vom heutigen Tag. Der Bürgermeister scheint gelassen und gerissen, Angst hat er keine – man hat ihm offenbar Anweisungen gegeben und Garantien wahrscheinlich auch. Er redet von einem Referendum, von Frieden und Sicherheit für die Bewohner. Es wird über die Flagge abgestimmt. Plötzlich prescht ein Opa vor und holt eine blau-gelbe Fahne heraus. Sofort stürzen sich erboste Aktivisten auf ihn. Eine Tante von der Sozialfürsorge springt auf und schreit: »Lasst ihn in Ruhe. Wir werden uns doch nicht mit den Bandera-Truppen gemein machen. Sie bringen uns um, das ist nicht unser Niveau.« Der Alte wird hinausgeführt. Die Flagge wird eingeholt. Stahl Altschewsk besiegt an diesem Tag die zweite von Dynamo Charkiw, für alle Fälle.

»Jungs, seid ihr aus dem Westen, wo's alle mit dem Bandera haben?«, fragt sie.

»Wieso, hast du Angst?«, fragen wir zurück.

»Klar, aber immer«, antwortet sie mehr als spitz. Unsere Antwort ist für sie eher Nebensache, ihr aggressives »klar, aber immer« bringt sie sicher bei jeder Gelegenheit an.

Sie sitzen an der Straße, vor einem Zaun, im Gras. So eine Art Picknick im Grünen. In der Gegend um Altschewsk gibt's viel Grün. Die eine, die mit der Frage, ist schwarzhaarig, trägt einen nachgemachten Puma-Dress und Gummilatschen. Die Zweite hat rot gefärbte Haare, trägt Jeans und sieht total zu aus. Obwohl die Schwarzhaarige auch nicht gerade nüchtern ist, sie hält eine angebrochene Literflasche Sarmat in der Hand, eine zweite rollt durchs Gras. Die dritte Frau sitzt in ihrem Hausmantel da. Fett und lächelnd auf einem Hocker. Und dann sind da noch ein grauhaariger Mann um die vierzig, in Trainingshosen, und ein Junge um die zehn, auch er trägt Sportkleidung. Die Männer schweigen, hier reden die Frauen. Schon am Morgen sind sie auf uns aufmerksam geworden, wir erregen ihr Interesse. Hierher verirren sich normalerweise keine Fremden, da wir aber ganz offensichtlich nicht von hier sind, müssen wir von der Bandera-Seite kommen, so der logische Schluss.

»Ich bin aus Charkiw«, sage ich.

»Und wo da genau aus Charkow?«, fragen die Schwarzhaarige und die Rothaarige wie aus einem Mund. So leicht wickelst du uns nicht um den Finger, so einfach hältst du uns nicht zum Narren, so billig kommst du uns nicht davon.

»Tscherwonopraporna-Straße«, sage ich.

»Ich hab an der Traktorfabrik gewohnt«, sagt die Schwarzhaarige.

»In Charkow reden sie aber ganz anders«, sagt die Rothaarige immer noch misstrauisch.

Ich hole meinen Rucksack, suche meinen Pass.

»Was hast du denn da?«, will die Schwarzhaarige wissen, »eine Bombe?«

»Hast doch Schiss, was?«, frage ich.

»Klar«, dreht sie auf, »schon die Hose voll.«

Ich krame meinen Pass hervor. Die Schwarzhaarige beruhigt sich.

»Ach, Jungs, kommt«, sagt sie beleidigt.

Den Meldestempel will sie nicht sehen. Aber sie löchert uns, was wir hier wollen. »Wir wollen ein Konzert geben«, antworten wir. »Da drüben.« Wir zeigen auf das Mścichowski-Palais. Sie fragt uns nach dem Konzert aus, und dann ist endgültig Ruhe.

»Eh du«, fragt die Fette plötzlich ein wenig verschämt, »hast du vielleicht sieben Rubel für mich?«

»Klar«, sage ich.

»Und zehn?« Sie schämt sich noch mehr.

Ich hole zehn Hrywnia heraus.

»Gott vergelt's«, bedankt sich die die Fette verwirrt, aber fröhlich.

»Jungs«, will die Schwarzhaarige beim Abschied wissen, »wie haltet ihr's eigentlich mit Frieden und Freundschaft?«

»Wir sind dafür«, versichern wir.

»Du da« – sie meint mich – »du bist ganz anständig. Aber dein Freund da«, sagt sie und zeigt auf Iwan, der eine schwarze Brille und ein T-Shirt mit IRA-Aufdruck trägt, »ist ein Bandit, wie er im Buche steht. Der hat ein anderes Leben hinter sich.«

»So ist es«, fällt die Fette ein und steckt die zehn Hrywnia weg.

Unser Eifer kostet uns die Ruhe. Unsere Angst kostet uns die Freude. Unsere Verschlossenheit und die Weigerung, den anderen zu verstehen, kostet uns den Frieden. Wir werden uns voreinander fürchten, uns misstrauen, uns verdächtigen, uns bekämpfen, nicht zuhören, nicht reden. Und wir vergessen all das, was uns eint, all das, was uns glücklich machen und Liebe zu diesem Leben schenken soll. Irgendwann kommen wir zu Gott, treten ihm unter die Augen, bringen irgendeine Rechtfertigung an, wir Enttäuschten, Erschütterten, Verbitterten. Mit unseren zerrissenen Herzen und leeren Händen. In schwarzen Brillen. Und Sportanzügen.

»Wollt ihr mal mit echten Separatisten reden?«, will Kolja, unser Ton-
techniker, wissen.

»Mit ganz echten?«, frage ich nervös.

»Na, mit meinen Freunden«, sagt Kolja und lacht. »Wir sind doch
hier alle Separatisten.«

Er spricht mit uns Ukrainisch, das sei für ihn interessant, sagt er,
eine gute Übung. Er spielt in einer der drei Rockbands, die es in
Altschewsk gibt. Seine Band spielt Heavy Metal, sie proben in einer
Garage.

»Was soll ich für die Separatisten mitbringen?«, will ich wissen.

»Was trinkt ihr? Wodka Stolitschnaja?«

»Wir trinken überhaupt nicht«, sagt Kolja beleidigt. »Und unseren
russischen Bären haben wir verkauft.«

Die »Separatisten« sind eine große lärmende Truppe – Biker sind
darunter und Bergleute, die nach der Schicht im Schacht zur Probe
kommen. Switlana, eine von drei Sängerinnen in der Band, ist Künst-
lerin, sie arbeitet mit behinderten Kindern. Sie erzählt, sie habe dem-
nächst eine Ausstellung in Kiew und wolle ihre Rede auf Ukrainisch
halten. Warum Ukrainisch?, frage ich. Ist doch die Staatssprache, ant-
wortet sie verwundert. Die »Separatisten« klagen über Geldmangel,
erklären, dass sie aus Spaß an der Freude spielten und dass die Musik
nichts einbringe. Irgendwann picheln sie in aller Ruhe vor sich hin,
stoßen auf jemanden an, der Geburtstag hat, Whisky und Gin stehen
auf dem Separatistentisch, und überhaupt sind das alles redliche und
nette Leute, obwohl sie ja Heavy Metal spielen.

Plötzlich taucht einer aus unserer Truppe auf und fängt von Politik
an. Wir sind alle unterschiedlich, sagt er, wir haben verschiedene An-
sichten, aber wir alle lieben dieses Land und so weiter. Und schon
ist es aus. Das heißt, schon geht es los. Mit der Politik. Sofort kom-
men unsere Schlagworte, Stereotype, Ängste und Kränkungen zum
Vorschein. Solche Dinge lassen sich schwer stoppen, sie kommen
aus dir heraus wie Dämonen, sprechen durch dich, lenken deine Be-
wegungen, zeigen sich in deinen Augen. Ich glaube kaum, dass sich

jemand durch solche Gespräche überzeugen lässt, dass sie beruhigend und ausgleichend wirken können. Wahrscheinlich ist es eher eine permanente Nabelschau, ein Betonen der eigenen Argumente, ein Pochen auf die eigene Wahrheit, ein Beschwören von Gefühlen, Nerven und Verzweiflung. Verzweiflung darüber, dass sich nicht alle von deiner Wahrheit überzeugen lassen, Verzweiflung über die eigene Hilflosigkeit, Verzweiflung über die Unfähigkeit, sich zu verstehen. Musik und Dichtung verbinden, Politik trennt. So ist es immer. Selbst wenn du davon überzeugt bist, dass du das Recht auf deiner Seite hast.

»Warum halten uns alle für Terroristen?«, fragen sie beleidigt. »Warum sind die Preise so gestiegen? Wie soll man von dem bisschen Gehalt leben?«

»Es stimmt«, sagen sie, »wir haben für Janukowytsch gestimmt. Für wen denn sonst?«, fragen sie verwundert. Einer staunt über den anderen, als hätten wir nicht die ganze Zeit in einem Land gelebt, uns nicht auf einem Territorium befunden. Als wären wir alle übervorteilt worden, als würde uns etwas fehlen. Eigentlich haben wir so viele Gemeinsamkeiten, dass es keine Probleme geben dürfte. Aber das Problem liegt darin, dass uns ebenso viele Dinge verbinden wie trennen, und das darf man nicht vergessen. Um nicht irgendwann zur Waffe zu greifen.

03.05.14

Auf der Straße von Altschewsk nach Donezk passieren wir mehrere Kontrollposten. An denen der Separatisten ist es leer, an den Kontrollposten der Miliz stehen MP-Schützen. An der nächtlichen Schnellstraße stehen Tanklaster, sie verkaufen Benzin.

Der Flughafen ist leer. Nach und nach treffen die Passagiere ein, das Flugzeug nach Kiew ist ausgebucht. Neben mir sitzt ein Mann, um die fünfunddreißig, in einem schwarzen Pullover. Er sieht, dass ich etwas schreibe, schaut unauffällig auf meinen Bildschirm. »Wenn du willst, kann ich dir was erzählen«, schlägt er vor. »Ich bin dabei gewesen. In Slawjansk.« Er erzählt, dass er die Stadt verlässt, dass unbekannte Maskierte gestern in seine Firma eingebrochen sind und die Bürotechnik zerstört haben. In der Stadt herrsche Chaos, sagt er, viele versuchten wegzukommen. Warum denn niemand etwas unternähme, warum man im ganzen Land darüber rein gar nicht rede, empört er sich. Ich widerspreche ihm, sage, dass im ganzen Land über nichts anderes gesprochen werde. Und wen unterstützt die örtliche Bevölkerung?, will ich wissen. Weiß der Teufel, sagt er mit Wut in der Stimme. Die nie einen Finger krumm gemacht haben, die sind für die Volksrepublik Donezk. »Ob der Donbass wirklich abdriftet?«, fragt er und schaut traurig durchs Bordfenster.

Über der Startbahn steht eine feine Fata Morgana. Über Donezk liegt viel Sonne und viel Luft. Genug für alle.

27. 09. 14 Krankenhaus

Dmytro ist Fallschirmjäger. Auf seinen Arm ist ein Fallschirm tätowiert und die Buchstaben WDW (Fallschirmjägertruppe) in Blau. Er schaut misstrauisch, redet ein bisschen aufgeregt. Erzählt, dass er mit seiner Familie über Skype spricht, gesteht, dass ihm das Mühe macht. Die Freiwilligen berichten, er habe auch ihnen lange Zeit misstraut und sich erst später etwas geöffnet.

Sascha gehört zur Nationalgarde[3]. Er erzählt, sie hätten im Gebiet Luhansk gestanden. In der Nähe von Starobilsk. Sascha ist eine Frohnatur, reißt permanent Witze, stellt Fragen, ist interessiert.

Beide tragen ein Kreuz, sind noch keine dreißig. Haben sich nicht freiwillig gemeldet. In diesem Bundeswehrkrankenhaus in einer beschaulichen deutschen Kleinstadt bekommen sie viel Besuch; die hier lebenden Ukrainer schauen vorbei, der Konsul war schon da. Im

---

3 Die Nationalgarde der Ukraine wurde nach der Unabhängigkeit des Landes 1991 als Reserveverband der Streitkräfte gegründet und im Jahr 2000 aufgelöst. Im Frühjahr 2014 wurde die Nationalgarde als Reaktion auf die russische Annexion der Krim neu gegründet, um die ukrainische Staatsgrenze zu sichern. Derzeit ist sie in den militärischen Auseinandersetzungen im Osten des Landes im Einsatz. (A. d. Ü.)

Zimmer türmt sich das Obst, jeder will ihnen eine Freude machen. Seit ein paar Wochen sind sie jetzt hier. Anfangs waren sie zu viert. Einer ist vorgestern gestorben. Dmytro und Sascha sind auf dem Wege der Besserung. Das größte Problem ist das Rauchen. Auf dem Zimmer ist Rauchen natürlich verboten. Die Zivis fahren sie in ihren Betten nach draußen, damit sie rauchen können. Einmal am Tag. Bis zum nächsten Besuch. Dmytro wollte drinnen rauchen und hat überlegt, wie er die Brandschutzanlage außer Kraft setzen kann. Er wurde gebeten, das zu unterlassen. Er hat eingelenkt. Vorerst. Insgesamt sind sie recht optimistisch, erzählen von ihren Freundinnen und von ihrer Familie, über die Kampfhandlungen und die Verletzungen sprechen sie nicht, und wir fragen nicht nach. Die Ärzte haben Angst vor Infektionen, deswegen müssen alle Besucher sterile Kleidung tragen. Vor den Krankenhausfenstern glüht kupfern der Herbstwald. Die Landschaft ist schön – Hügel, Grün, gedämpfte Septemberfarben. Allerdings sehen sie das nicht – Sascha kann noch nicht aufstehen, Dmytro fängt gerade erst an. Als wir gehen, bedanken sie sich für unseren Besuch, auf unser »Slawa Ukrajini« antworten sie »Herojam Slawa«. Im März, im Warschauer Militärkrankenhaus hatten die verletzten Maidan-Kämpfer ziemlich verhalten auf unsere Parole reagiert; sie hatten Angst vor Provokationen. Kein Zweifel, irgendetwas hat sich seit dieser Zeit verändert. Fragt sich nur, wie hoch der Preis ist.

Sascha erinnert sich an die Leute aus dem Osten, mit denen er Kontakt hatte. Er erzählt, dass die Leute im Gebiet Luhansk positiv auf sie reagiert hätten. »Besonders die Frauen«, lacht er. »Das wäre ja auch noch schöner«, sage ich, »wie hätten sie denn sonst reagieren sollen?« Ein merkwürdiges Land ist das, in dem sich die Soldaten nicht sicher sein können, dass die Zivilbevölkerung ihnen Loyalität entgegenbringt. Stattdessen bejubelt die Zivilbevölkerung Saboteure und Söldner. Das ist merkwürdig und traurig. Was hat die Zukunft für ein solches Land zu bieten? Welche Chancen hat es, als Ganzes erhalten zu bleiben, welche Chancen, seine Existenz zu behaupten? Wie hat das Land die letzten zwanzig Jahre gelebt? Was hat das Land beschäftigt, was war ihm wichtig, wenn es sich so leicht in diesen dumpfen Schrecken hat hineinziehen lassen? Was wollten die Menschen, die so leicht und schmerzlos ihr Land preisgegeben haben? Was lässt sich überhaupt von einem Land mit derart unterschiedlichen Losungen, Parolen und Interessen sagen?

Während ich mit den beiden Verwundeten sprach, fiel mir der Bericht meines Alten ein, der einen Monat zuvor irgendwo vor seinem Haus auf einen Kontrollposten der Nationalgarde gestoßen war. Der Nationalgardist musterte das alte Auto, kontrollierte die Papiere und rief ihm zum Abschied ein »Slawa Ukrajini« zu. Mein Alter war ganz verdattert und wusste nichts zu antworten. Der Soldat bemerkte die Verwirrung und interpretierte sie auf seine Weise. »Slawa Ukrajini«, wiederholte er gepresst. Mein Alter geriet in Panik. Der Soldat fasste seine Waffe fester. Die Panik wuchs. Am Ende trennten sie sich friedlich, also bitte. Schließlich gehören wir zusammen, haben dieselben Pässe, dieselbe Probleme, dasselbe Land, aus dessen Geschichte wir keine Lehren gezogen haben.

»Alles wird gut«, ruft uns Sascha fröhlich nach, und Dmytro nickt mürrisch, als wollte er zustimmen – ja, ja, alles wird gut. »Klar«, rufen wir, »muss ja«. Eine Stunde später ist der Trauergottesdienst für ihren verstorbenen Kumpel angesetzt.

21.12.14 Weihnachtsgeschichten

Unterwegs erzählt Ljoscha, unser Fahrer, der zum Rechten Sektor gehört, Geschichten. Geschichten gibt es viele. Viele verschiedene. Zum Beispiel von einem Scharfschützen, der seinen Separatistenvater niedergemäht hat. »Niedergemäht, wie das?«, frage ich. »Mit Absicht?« – »Nein«, antwortet Ljoscha, »er hat einfach auf eine Bewegung reagiert. Aber irgendwie kam's ihm komisch vor, und da ist er hingekrochen, um nachzusehen. War kaum zu erkennen.« – »Warum?« Wieder verstand ich nichts. »Na, weil der Kopf weg war«, erklärt Ljoscha. »Und was macht er jetzt?«, will ich wissen. »Was sagt er?« – »Nichts«, sagt Ljoscha, »er schweigt.«

Dann erzählt er vom Kommandeur einer Teileinheit, einem jungen Spund. »Der ist gerade mal zwanzig«, sagt er, »aber du müsstest mal sehen, wie die Älteren ihm gehorchen. Schade, dass er jetzt nicht da ist.« – »Was ist denn mit ihm?«, will ich wissen. »Der ist an die Uni gefahren, um seine Prüfungen abzulegen.« – »Was denn für Prüfungen?«, frage ich. »Na, Prüfungen halt«, erklärt Ljoscha. »Er ist Student. Wenn er die Prüfungen hinter sich hat, kommt er zurück und kommandiert weiter.«

Dann erzählt er noch, wie er beinahe in einen Kontrollposten der Separatisten gerasselt wäre. Erst ein paar hundert Meter davor hat er gesehen, dass die ukrainische Fahne fehlt, er musste mehrere Kilometer im Rückwärtsgang fahren, weil er nirgends wenden konnte.

In Pisky ist es leer. Von der örtlichen Bevölkerung ist kaum noch jemand da. Zwischen den Freiwilligen läuft ein Junge rum, sieben Jahre alt vielleicht. »Hast du keine Angst?«, fragen wir ihn. »Nein«, versichert er. Er mustert die Uniformierten fasziniert und weicht ihnen nicht von der Seite. Es gibt hier niemanden in seinem Alter, das sieht man gleich, also läuft er diesen erwachsenen bewaffneten Männern nach. Auch die Hunde laufen ihnen nach und bleiben keinen Schritt zurück. Hunde gibt es viele. Die Besitzer sind fortgegangen und haben die Hunde zurückgelassen. Also drücken sie sich bei den Menschen herum. Und haben wohl auch keine Angst.

Ehe wir weiterfahren, begegnen wir einem lustigen Alten. Wasyl Lwowytsch heißt er und brilliert mit einem kriminellen zahnlosen Lächeln. »Matrose und Pferdedieb a.D.«, fügt er hinzu. Er kommt von den Soldaten, bei denen er sich mit Hilfsgütern eingedeckt hat: eine Stange billiger Zigaretten und polnisches Brot. Das Brot hat eine spezielle Verpackung, das hält sich lange und schimmelt nicht. Der Seemann und Pferdedieb a.D. stützt sich auf ein altes Fahrrad, steckt sich eine Zigarette an und gibt ebenfalls Geschichten zum Besten. Er erzählt von sich, wie er auf der Krim stationiert war und wie sie mit kleinen Motorbooten türkische Schmuggler gejagt haben. Erzählt von seiner Frau, die schon zehn Jahre tot ist, von seinen Kindern, die in Moskau leben. Die Freiwilligen lobt er und macht sich ein klein wenig über sie lustig. Die Separatisten rügt er, erzählt, wie sie die umliegenden Häuser bombardiert hätten. Er spricht ein ulkiges russisch-ukrainisches Gemisch. Ukrainische Wörter sind in der Überzahl. Wenn er flucht, wechselt er komischerweise ins Russische. Dann zeigt er Interesse an Julia, einer jungen Journalistin, brüstet sich, behauptet, er wäre schon drei Mal in den Nachrichten gewesen. Ich bin berühmt, sagt er und lacht. Und auch er sagt, er habe vor nichts Angst.

Die Geschichten werden immer mehr. Jeder hier hat etwas zu erzählen, jeder hat Erinnerungen. Manches wird freimütig erzählt, andere Dinge sollen nicht herausposaunt werden. Der Krieg produziert Stoffe, der Krieg verändert die Wirklichkeit, füllt sie mit trügerischen Erfahrungen, füllt sie mit Tränen und Blut. Wie viel Furchtbares, Abartiges und Missliebiges müssen wir uns anhören, was werden wir noch alles erfahren, wie viel Wahrheit zur Kenntnis nehmen müssen, wie viele Kränkungen und Flüche werden uns treffen. Noch hat das Land ein Alltagsleben, noch gibt es sich seinem Vorweihnachtsstress hin, noch gehen in den Städten Abend für Abend die Lichter an, und Besucher strömen in warme Cafés und Kinos, und direkt nebenan ist Krieg, und sie – die im Krieg sind – durchleben ihre Geschichten, sind ein Teil davon, prägen sie sich ein und schaffen wohl oder übel eine gemeinsame Geschichte, die bis jetzt schwer zu erfassen, schwer zu begreifen ist.

An der Ausfahrt aus Pisky gähnt schwarz ein verbrannter Panzer. Einer von uns. Die Besatzung ist verbrannt. Noch eine Geschichte. Keine Weihnachtsgeschichte.

29.12.14 Süden. Krim.

Die Brigade Nummer 30 rückte als eine der Ersten ins Gebiet Luhansk vor, noch im Frühling dieses Jahres. Ich weiß noch, wie skeptisch sich mein Bruder über ihre Technik geäußert hat und dass sie mit Traktoren gezogen werden müsse. Andere Freunde haben berichtet, wie sie die Soldaten mit Essen versorgten, ihnen Kleidung und Schuhe brachten. Die Brigade war genau zur rechten Zeit eingetroffen, dank ihrer Präsenz wurde im nördlichen Teil des Gebietes Luhansk nicht geschossen. Ich weiß nicht, ob die Einheimischen begriffen, was für ein Glück sie gehabt hatten. Der eine oder andere hätte in seiner Ortschaft sicher auch irgendwelche russischen Kosaken begrüßt. Alles ist relativ, und die Vorzüge des Friedens weiß natürlich der am meisten zu schätzen, dessen Wohnviertel gerade bombardiert worden ist. Irgendwann wurde die Brigade Nummer 30 aus dem Donbass abgezogen, jetzt bewachen sie die Grenze zur besetzten Krim, sie stehen in den Feldern, zwischen Salzböden und vereisten Seen, wappnen sich gegen die Fröste, die unerbittlich näher rücken.

Die Untereinheiten sind auf dem Gelände ehemaliger Tierzuchtfarmen untergebracht. In den zerfallenen Kuhställen steht die mit Erde behäufelte kalte Technik. Neben den Zelten, unter einer Überdachung wurde eine Reckstange in den Boden eingelassen, etwas weiter weg steht ein Weihnachtsbaum mit Engeln aus Papier. In den letzten Wochen war das Wetter mild, aber am Morgen ist Wind aufgekommen, Schnee treibt umher. Die feuchte Erde ist noch nicht gefroren, die Füße sinken ein, die Autos bleiben stecken. Die Soldaten reden mit den Freiwilligen, sprechen mit dem Priester, den sie schon lange kennen. Der Priester hat irgendwo einen Anhänger für sein Auto aufgetrieben und zwei Fernseher und Rohre für den Kanonenofen gebracht. Nicht lebensnotwendig natürlich, aber außer den Freiwilligen würde sich keiner die Mühe machen, so viel ist klar. Der Kommandeur bedankt sich bei den Freiwilligen und hält eine Rede, die Soldaten hören ergeben zu. Der Kommandeur macht nicht viele Worte, mit uns spricht er Ukrainisch, gegenüber seinen Untergebenen wechselt er ins Russische. Er hat Autorität, das fällt auf, alle respektieren ihn, ohne zu kuschen. Vielleicht muss das so sein. Sie alle haben Kampfeinsätze hinter sich, Verluste, Monate des Krieges, offenbar kommen sie irgendwie damit zurecht. Vielleicht nicht zuletzt dank Kommandeuren wie diesem.

Wir fahren noch an einem weiteren Posten vorbei, unmittelbar an der Grenze. Auf der Schnellstraße reiht sich Lieferwagen an Lieferwagen, die Einreise auf die besetzte Halbinsel ist blockiert. Die Auto-schlange zieht sich an die zehn Kilometer hin, die Fahrer nehmen in den Kabinen Zuflucht vor dem eisigen Wind, Laufdisteln sammeln sich unter den LKW-Rädern, Schnee flockt tot auf den dunklen Asphalt. Ein Schützengraben, den unsere Soldaten ausgehoben ha-ben, zieht sich an der Straße entlang, man erkennt die Stelle, hier müssen im Sommer die Panzer gestanden haben. Der Priester deutet mit einem Kopfnicken nach links: Minenfelder, sagt er. Und warum gibt es keine Hinweisschilder?, will ich wissen. Wozu?, fragt der Priester verwundert. Das sind doch Panzerabwehrminen. Menschen können hier in Ruhe rumlaufen. Vielleicht sind's auch nicht nur Pan-zerminen, sagt er nach einigem Nachdenken.

Über die Russen sprechen die Soldaten nicht gern. Es liefen ihnen Russen über den Weg, sie sprächen miteinander, schössen aber nicht, behaupten sie. Die Frage, ob sie Saboteure gefasst hätten, verneinen sie, lächeln vielsagend und wechseln das Thema. Alles in allem ein ruhiger Posten nach der Zeit im Donbass. Aber kalt. Sehr kalt.

Auf dem Rückweg redet der Priester über Politik. Über die ge-schlossene Grenze, über die Sanktionen, über die Ereignisse des letz-ten Jahres. Jede These untermauert er mit einem Witz. Erzählt, er sei mehrfach zu Einheiten in den Donbass gereist und habe Soldaten getauft. Er beklagt sich über den Machno-Anarchismus in der Kir-chenleitung. Bis gestern habe er nicht mal Geld gehabt, um zu tanken und die Truppe zu besuchen. Aber gegen Abend hätte jemand gerade noch rechtzeitig einen Betrag auf sein Konto überwiesen, der fürs Benzin gereicht hat. Wenns dir ums Himmelreich geht, darfst du dich nicht mit Kleinigkeiten aufhalten, sagt er. Und erzählt den nächsten Witz.

Noch nie habe ich mich so lange mit einem Priester unterhalten. Und Soldaten habe ich in meinem ganzen Leben nie so viele gesehen. Und Milizionäre habe ich noch nie so nett behandelt wie im letzten halben Jahr. Nie zuvor habe ich derart souveräne und eigenständige Menschen gesehen. So tiefe Augen und so schwarze Hände. Nie zu-vor habe ich so ruhige Stimmen gehört. Habe nicht gewusst, dass Männer so bitterlich weinen können. Habe nicht geahnt, dass man so furchtlos sein kann. Nicht geglaubt, dass man Unwägbarkeiten und Hindernissen so locker widerstehen kann. Hitze, Kälte, Gefahr. Und es stimmt natürlich – wenns dir ums Himmelreich geht, darfst du dich nicht mit Kleinigkeiten aufhalten.

09.01.2015 Grenzland

Sascha dient in einer Luhansker Grenzeinheit. Im Winter und Frühling habe er sich am Anti-Maidan beteiligt, erzählt er. Freiwillig natürlich, als normaler Bürger. Die Maidan-Kämpfer hatten Waffen, das haben wir gesehen. Wozu mussten die auch das Lenin-Denkmal vom Sockel holen?, fragt er. Ist doch ein Teil der Geschichte.

Als die Separatisten im Sommer ihren Abschnitt in Luhansk angriffen, schoss er als einer der Ersten zurück. Lachend erinnert er sich, wie die Kämpfer ans Tor gelaufen kamen und schrien: »Ergebt euch, ihr Bandera-Schweine.«[4] Erinnert sich an die Angst und den Verrat der Kommandeure, an die Konfusion der einfachen Soldaten. Erinnert sich, wie er das Feuer eines Scharfschützen auf sich lenken wollte, um ihn zu orten, er stand einfach am Fenster, lief in den Zimmern auf und ab. Der Schuss kam, der Scharfschütze wurde geortet – er saß in einem Hochhaus gegenüber, in einer Wohnung, zurückzuschießen war unmöglich. Er erinnert sich, wie die erste Kugel des Scharfschützen über seinen Kopf hinwegschwirrte. Glück gehabt. Er fiel um, und während er in den Scherben lag, rief ein Freund aus Kindertagen an, der an einem Kontrollposten der Separatisten stand. Auf die Frage, was er gerade mache, antwortete Sascha, ich liege da und ruhe mich aus. Er weiß noch, wie sie beim Rückzug die Waffen vernichteten, damit sie nicht den Kämpfern in die Hände fie-

---

4 Bandera-Schweine, ukrainisch *banderiwzi*, ist eine diskreditierende Bezeichnung für Menschen, die die Idee des ukrainischen Nationalstaats verteidigen und sich zur ukrainischen Sprache bekennen. Abgeleitet ist der Ausdruck von Stepan Bandera, dem Führer der ukrainischen Nationalbewegung in den 1930er und 1940er Jahren, der mit der deutschen Wehrmacht kollaborierte und in diesem Zusammenhang auch an Kriegsverbrechen, u. a. gegen Juden, beteiligt war, im Westen der Ukraine jedoch weiterhin als Nationalheld verehrt wird. (A. d. Ü.)

len. Erinnert sich an Schüsse vom russischen Hoheitsgebiet, an Gespräche mit russischen Soldaten.

Sein Freund aus Kindertagen ist jetzt irgendwo in Russland, Sascha ist momentan im Hinterland. Seine Wohnung und einen Teil seiner Freunde hat er in Luhansk zurückgelassen. Manche kämpfen auf der anderen Seite, manche auf Seiten der Ukraine. Putin nennt er einen guten Politiker, sauber, sagt er, wie der uns die Krim abgenommen hat.

Warum bist du nicht in Luhansk geblieben?, will ich von ihm wissen. Du hattest doch ein Angebot. Verrat ist nichts für mich, sagt er. Er sagt das ganz unpathetisch. Er spricht die ganze Zeit gelassen und abgeklärt – über den Maidan und die Gefechte, über die Kommandeure und die Gefallenen und über die Kugelspuren im Rücken. Und auch über Putin.

Viele Soldaten schlendern durch die Frontstadt. Manche sind normal ausgerüstet, andere sehen aus wie Piraten auf Landgang. Manche haben eine Waffe über der Schulter, andere eine Einkaufstüte in der Hand. Eine Nebenstraße ist gesperrt wegen einer unlängst explodierten Bombe. Manche Gebäude werden bewacht, vor dem Eingang stehen Kanonenöfen, von Wachleuten umringt, die sich wärmen. Man hört Ukrainisch und Russisch. Geredet wird über Verschiedenes, jeder hat eigene Themen. Die hat tatsächlich jeder, obwohl manch einer nicht gleich damit rausrückt.

Es wäre, glaube ich, gut, diesem »Eigenen« zuzuhören. Im Blick zu behalten, dass hier jeder seine eigene Geschichte und seine eigene Wahrheit hat. Seine konkrete Entwicklung, seine konkrete Biografie. Seinen Blick auf die Dinge, seine Interpretation der Lage. Den Soldaten zuhören. Und den Zivilisten. Anders geht es nicht. Der Donbass kann nicht gehört werden. Industriereviere haben keine Stimme. Menschen haben Stimmen. Jeder die seine. Eine ganz eigene. Eine angenehme Stimme. Oder eine unangenehme. Jedenfalls haben alle eine Stimme. Und wo wir gerade bei den Stimmen sind – wir sollten begreifen, wem sie gehören. Wir sollten aufhören, die Lebenden in Prozenten zu zählen, aufhören, über die Gefallenen mit Statistiken zu sprechen, und stattdessen die Erinnerung befragen. Denn die Erinnerung ist eigenwillig, sie hängt nur von uns ab, besser gesagt, von unserem Willen, uns überhaupt zu erinnern. Wenn wir über Städte sprechen, sollten wir im Blick behalten, dass sie nicht von einer namenlosen Wählerschaft bewohnt werden, sondern von lebendigen Menschen, die nicht nur auf unsere Fragen antworten, sondern uns auch selbst Fragen stellen. Wir sollten bedenken, dass Menschen, selbst wenn sie sich zu Gruppen, Streiks, Kundgebungen oder Kampfeinheiten zusammenfinden, immer noch Persönlichkeiten sind (in den allermeisten Fällen jedenfalls), die einen Namen, eine Vergangenheit und eigene Geschichten haben. Dass der Name, die Vergangenheit und die Geschichten fest zu ihnen gehören. Auch wenn sie nicht immer angenehm und nicht immer plausibel sind. Die Sache ist simpel: Ehe du etwas verstehen kannst, musst du etwas wissen. Musst fragen, zuhören, antworten. Wie willst du sonst etwas begreifen? Einen anderen zu verstehen, ist kompliziert, wenn nicht gar unmöglich. Viel wahrscheinlicher ist, dass das Verstehen scheitert. Dass einer nicht differenziert, nicht zuhört, nicht hinterfragt. Seine Überzeugungen kultiviert. Sein Unwissen sozusagen.

10.01.2015 Krieg vor der Stadt

Vor der Stadt macht sich der Winter ungleich stärker bemerkbar. Schwerer, unberührter Schnee, eisige Luft. Größere Weite, schärfere Konturen, radikalere Ansichten, tiefere Falten. Wir verlassen Charkiw noch bei Dunkelheit, die Straße Richtung Osten ist holprig, man könnte meinen, die Militärtechnik sei schuld, aber weit gefehlt, seit eh und je ist die Straße hier schlecht, es scheint, als sei hier schon gut zehn Jahre Krieg, und wer gewinnt, ist völlig unklar.

Außer den Zivilisten sitzen auch ein paar Soldaten im Bus. Junge, unbekümmerte Burschen. Als der Bus haltmacht, nehmen sie das erste Morgenbier, trinken es mitten im Frost. Ein Mann steigt in den Bus ein, so um die fünfzig, sagt, er wolle seine Familie aus der Gegend von Luhansk wegbringen, bittet um Spenden. Die Insassen legen zusammen. Demonstrativ wedelt der Mann mit ein paar Scheinen – ich habe nichts zu verbergen, das ist alles, was zusammengekommen ist. Er steigt aus, rennt zu seinem Bus. Gerötete Augen, eine abgewetzte Lederjacke und merkwürdig gewienerte Offiziersstiefel. Der Bus fährt an einer alten Frau vorbei, die abwesend vor sich hin starrt. Ringsum viel Wahnsinn und viele Tränen, viel zu viele.

In Starobilsk, am Stützpunkt des Freiwilligenbataillons »Aidar« wird ein Tausch vorbereitet – ein russischer Leutnant gegen vier Ukrainer – ein Aidar-Kämpfer und drei Angehörige der ukrainischen Streitkräfte. Man einigt sich, wer gehen soll, wenn es so weit ist. Warum zeigen Sie die geschnappten russländischen Soldaten nicht?, frage ich den Kommandeur. Wir haben schon so oft welche gezeigt, wie oft denn noch, sagt er gereizt und winkt ab. Was da im letzten halben Jahr zusammengekommen ist. Die Medienpräsenz ist ihm egal, für ihn zählen die praktischen Dinge, ein Waschtrakt zum Beispiel, den er für seine Kämpfer einrichten will. Der Krieg dauert schon lange, und niemand glaubt an ein schnelles Ende. Alle rechnen mit einem längeren Winter, mit einem längeren Widerstand, mit nichts Gutem also. Aber offenbar greift sie das nicht sonderlich an.

Auf einem Dorffriedhof in der Nähe von Starobilsk suchen wir die Gräber der Aidar-Kämpfer. Ein Mütterchen, das ein Grab pflegt, antwortet engagiert auf unsere Frage und zeigt uns den Weg. Die Gräber wurden zwischen Kiefern ausgehoben, in der Nähe der Straße. Die meisten haben keinen Namen, »Vorläufig unbekannter Held der Ukraine« steht auf den meisten. Der frische Schnee zeigt Fuchsspuren, sie führen in den Wald, verschwinden hinter den Bäumen. Hinter der Schnellstraße, vom Fluss her hört man Maschinengewehrsalven. In den Kinderferienlagern sitzen Armeeeinheiten, die wahrscheinlich ihre Waffen justieren. Der Mond wälzt sich durch den Wald, spiegelt sich in den Baumwipfeln, sinkt in den Schnee. Die Bewohner überhören die Schüsse, sie sind es gewohnt.

Der Status als Frontstadt macht sich im Alltag und in den Ritualen der Bewohner wenig bemerkbar. Zwar trifft man überall auf Uniformierte – in den Geschäften, auf den Märkten, an den Geldautomaten. Aber sie fallen nicht mehr auf. Dieser Teil des Donbass ist von Kriegshandlungen verschont geblieben, seit dem letzten Frühjahr halten sich hier Soldaten auf, keiner fürchtet sich vor ihnen.

In der Kneipe sind sie fast die einzigen Gäste, ein paar Einheimische beim Bier, ein Mädchen mit ihrem Soldaten, das war's. Die Aidar-Kämpfer, die wir tags zuvor auf der Straße kennengelernt haben, nehmen eine überaus ernsthafte Kontrolle vor – sie lassen sich die Fotos in der Kamera zeigen, die Pässe, die Dokumente, stellen uns Fragen, zögern. Einer ist von hier, der andere aus Sewerodonezk. Ein ehemaliger Milizionär. Natürlich sprechen sie Russisch. Natürlich sind sie Freiwillige. Lang und breit ergehen sie sich über das Chaos im Kommandostab, über die Unfähigkeit der Generäle, die Schlamperei, den fehlenden Weitblick, die Verantwortungslosigkeit. Sie reden über die Gefangenschaft. Der Ex-Milizionär holt eine Granate aus seiner Jackentasche – ich hab nicht vor, mich in Gefangenschaft zu begeben, sagt er. Zum Schluss fragen sie, ob wir Winterreifen für ihren Bus besorgen können. Wir gehen als Freunde auseinander.

Am Abend findet im Kulturhaus ein Benefizkonzert statt. Im Foyer liegen Stapel mit Bibeln aus, das Konzert wird von irgendeiner Kirche organisiert. Im Zuschauerraum sind die meisten Militärs. Wenn auf der Bühne etwas Patriotisches erklingt, erheben sich die Soldaten und applaudieren ausgiebig. Ein schwarzer Vorweihnachtsabend, ein Weihnachtsbaum auf dem Marktplatz, Militärtechnik, die von Zeit zu Zeit durch die Stadt rollt. Hier ist der Krieg offensichtlicher, hier lässt er sich nicht ignorieren, drängt sich in die Gedanken.

Am Morgen kehren wir nach Charkiw zurück. Am Kontrollposten lässt die Miliz die Männer aussteigen, um die Pässe zu kontrollieren. Aus der Steppe weht ein eisiger Wind, spielt mit den Fahnen in der kalten Luft. Die Männer stehen am Straßenrand, geben ihre Pässe ab. Während kontrolliert wird, rauchen sie. Die Finger werden steif vom stechenden Wind. Die Milizionäre lassen sich Zeit, es ist nicht ihr erster Bus heute und nicht ihr letzter, sie haben noch viele Pässe und Gesichter vor sich. Die Männer hingegen sind nervös, blasen Zigarettenrauch in die Luft, schauen sich um. Blicken in den Himmel, wo hinter tiefhängenden Wolken eine blässliche Januarsonne schimmert. Sie schauen in die Steppe, zum Horizont, dahin, woher der Wind weht, wo Krieg ist. Manch einer blickt misstrauisch, manch einer hoffnungsvoll, manch einer traurig. Manch einer fährt für immer. Manch einer kommt mit dem Abendbus zurück. Manch einen hat es zufällig hierher verschlagen. Allen ist kalt.

18.01.2015 Kriegsjahr

Ich treffe eine Bekannte, wir haben uns seit dem Frühjahr nicht mehr gesehen. Und im Frühjahr auch eher selten. Ich kenne nicht einmal ihre politischen Ansichten.

»Und wofür bist du?«, fragt sie. »Für die Ukraine oder für den Frieden?«

»Für die Ukraine«, antworte ich, »also für den Frieden.«

Sie ist etwas verwirrt. »Sei's drum«, sagt sie. »Der Krieg ist einfach lästig.«

Lästig, natürlich ist der Krieg lästig. Vor allem denjenigen, die damit gar nichts zu tun haben. Für viele bleibt er Teil einer fremden Wirklichkeit, etwas, das sie beharrlich ausblenden, nicht verstehen, ja, einfach nicht zur Kenntnis nehmen wollen. Wenn du also vom Krieg redest und er dich umtreibt, bist du in ihren Augen ein Teil davon, ein Glied, eine Komponente. Das heißt, du unterstützt den Krieg. So funktioniert ihre Logik. Die einen unterstützen Soldaten, helfen Verwundeten, helfen Flüchtlingen, und die anderen wollen Frieden. Wenn du in einem Krankenhaus Blut spendest, bist du schon auf der Seite des Krieges.

Die Gesellschaft, die im letzten Winter in unterschiedliche Ansichten und Positionen zerfallen ist, beharrt, so scheint es, auf ihren Positionen – jeder besteht auf seiner Sicht und weigert sich, die Wirklichkeit anders wahrzunehmen und zu verstehen, sein Vaterland, dessen Gegenwart und Zukunft anders zu empfinden. Die Aktivisten von gestern sind die Freiwilligen von heute, und ich weiß nicht, ob sie in der Mehrheit sind.

Ich vermute, die meisten sehen unbeteiligt zu, wie das Land versucht, mit dieser Situation fertig zu werden, und im besten Fall reagieren sie auf Meldungen über die Opferzahlen und den Währungsverfall. Sie reagieren mit Nervosität und Unzufriedenheit. Alle sind erschöpft vom Krieg, erschöpft von der Politik, die Erschöpfung verstärkt das Misstrauen und die Skepsis, verstärkt den Wunsch, alle zu beschuldigen und zu verdächtigen.

In den letzten Tagen denken viele an die Ereignisse im letzten Jahr zurück – wie die Gewalt in Kiew eskalierte, wie das Sterben live übertragen wurde, ein Sterben, das noch immer nicht zu Ende ist. Das Sterben ist seitdem nicht weniger geworden, im Gegenteil, es wird immer mehr, und die Liveübertragung läuft weiter. Das erschreckt und entmutigt, denn der Tod ist so ziemlich das Einzige, woran man sich nicht gewöhnt – egal, wie oft man ihn beobachtet, wie oft man ihn sieht, wie erwartbar seine tagtägliche Gegenwart ist. Besonders, wenn man den Tod aus einer sicheren Entfernung beobachtet, am Fernsehbildschirm zum Beispiel. Die meiste Panik verbreiten die, die sich in sicherem Abstand befinden. Obwohl – wer kann heute noch sagen, welcher Abstand sicher ist?

Das Jahr beginnt gerade erst, aber es ist schwer zu sagen, worauf man hoffen soll. Auf Frieden? Selbstredend. Aber was ist eigentlich Frieden? Die Beendigung des Krieges. Das heißt, der Krieg muss irgendwie aufhören, zu Ende gehen. Wie lange wird er noch dauern und was wird er uns alle kosten? Die Antwort möchte man lieber nicht im Voraus wissen.

… Unsere Bekannten von der Frontlinie rufen an und bitten uns, für ihre Teileinheit Verpflegung zu besorgen. Sie berichten von Problemen mit dem Telefonnetz, von Problemen mit dem Transport, von Problemen mit Winterreifen. Ganz normale Alltagsprobleme – ohne Verpflegung sinken ihre Überlebenschancen, ohne Winterreifen auch. Alles ist genauso wie vor dem Krieg – die Menschen sind mit ihren Problemen beschäftigt, die Menschen leben ihr Leben. Nur, dass ihr Leben nun ständig in Gefahr ist. Die Gefahr ist allgegenwärtig. Deswegen muss man die Dinge besorgen. Das Problem ist nur – sie selbst können keine Besorgungen machen, sie kämpfen, sie haben kein Geld. Und an wen sollen sie sich wenden? Doch nicht etwa an den Staat? Sie fragen Bekannte, fragen Freiwillige. Sie erklären, welche Verpflegung geeignet ist und welche nicht. Obwohl es natürlich nicht um die Verpflegung geht. Es geht darum, dass sie am Leben bleiben. Und dann entscheide dich, für wen du bist – für die Ukraine oder für den Frieden.

27.01.2015 Die Stummen

Vor einem Dorfladen lernen wir zwei Frauen kennen. Erst schauen sie alarmiert auf die Kamera, dann nehmen sie die Gelegenheit wahr und ergreifen das Wort.

»Sagt denen da« – sie zeigt irgendwohin nach oben –, »dass sie nicht mehr schießen sollen. Wir können nicht mehr. Wir haben Angst. Wir haben Kinder. Wir waren nicht dagegen. Wir sind die Stummen in diesem Spiel. Warum werden wir dann umgebracht? Was sind das überhaupt für welche?«, sie zeigt in Richtung Schnellstraße, wo die ukrainische Nationalgarde sitzt, »Nazis oder was. Und wer da schießt«, sagt sie und zeigt in die andere Richtung, aus der Kanonendonner kommt, »wissen wir auch nicht. Die sollen bloß aufhören mit dem Geballer!«

Sie appellieren an die Obrigkeit, fangen an zu weinen, flehen, erzählen von ihren Kindern und Enkeln. Friedlich hätten alle vor dem Krieg hier zusammengelebt, sagen sie. Eine der beiden bricht abrupt ab, in Sorge, ob sie nicht zu viel gesagt hat, verabschiedet sich hastig, dreht sich um und geht auf der kalten Straße davon. Die Straßen sind leer, von Osten her hört man Artilleriedonner. Aber der Laden ist geöffnet. Sogar Brot werde jeden Morgen angeliefert, sagt die Verkäuferin und holt den letzten Laib aus dem Regal. In einer Ecke, abseits von den Lebensmitteln, werden Kleidung und Putzmittel angeboten. An der Wand hängen Trauerkränze. Viele verschiedene, sie sind bunt und schwer. Ich glaube nicht, dass sie vor dem Krieg zum Sortiment gehörten.

Im Nachbardorf zeigt uns der Bürgermeister einen umgerissenen Strommast. Gestern war unsere Kolonne unterwegs, und einer hat den Mast erwischt. Wie der Schaden behoben werden kann, ist unklar: Der technische Hilfsdienst aus Lyssytschansk rücke nicht aus, weil es dort Gefechte gebe, heißt es. Aber das ist noch nicht alles, sagt der Bürgermeister. In der Nebenstraße zeigt er uns einen Bombentrichter. Kam als Geschenk ins ukrainische Hinterland geflogen. Ein tiefer Krater zwischen zwei Höfen, zum näheren von beiden sind es vielleicht zwanzig Meter. Bombensplitter haben die Schieferplatten durchschlagen, die herausgeschleuderte Erde liegt ringsum verstreut. Eine Frau, deren Haus es um ein Haar erwischt hätte, kommt angelaufen, sie erzählt, das Geschoss sei morgens früh um sieben eingeschlagen, sie hätten zu dritt im Haus gesessen, ihr Mann, sie und der erwachsene Enkel. Gott sei Dank, wiederholt sie aufgeregt, Gott sei Dank, dass es uns nicht getroffen hat. Sie fasst mich bei der Hand und zeigt mir den Hof. Auch dort ist alles mit Erd- und Lehmklumpen übersät, obwohl die Frau vor dem Haus schon Ordnung gemacht hat. Sie steht noch unter Schock, denn unablässig wiederholt sie ihr »Gott sei Dank«. Sie gibt keinem die Schuld und macht auch niemandem Vorwürfe. Sie will nur den Bürgermeister um Schiefer bitten. Nach und nach kommen andere Bewohner aus ihren Höfen, treten näher, fragen misstrauisch, antworten zurückhaltend. Sie beschweren sich hauptsächlich über den Bürgermeister, als ob es in seiner Macht stünde, den Krieg zu beenden.

Er würde ihn schon beenden, wenn er nur wüsste, wie. Was kann er bewirken? Was können sie alle bewirken? Sie sind die Stummen. Über das Referendum und die Separatisten sprechen sie ungern. Behaupten, sie hätten sich nicht beteiligt. Kann schon sein. Was spielt das jetzt noch für eine Rolle? Manche sind geflüchtet, andere geblieben. Sie äußern sich zurückhaltend, wissen nicht, wie du reagierst, aber wahrscheinlich geht es vor allem darum, dass sie nicht wissen, was morgen sein wird. Verhalten sie sich heute gegenüber der einen

Seite loyal, müssen sie sich morgen vor der anderen Seite dafür rechtfertigen. Die Detonationen sind in unmittelbarer Nähe zu hören, wer weiß, wo das nächste Geschoss einschlägt. Ab und zu geht bei den Explosionen das Licht aus. Aber die Kleinbusse fahren. Der technische Hilfsdienst fällt aus. Die Soldaten halten die Stellung und der Krieg bleibt noch irgendwo da in den windanfälligen Feldern von Donezk, von blauem Schnee verweht.

Im nächsten Dorf, ganz in der Nähe der Gefechte, rennen zwei Jungs über die Straße, sie spielen was. An die Salven haben sie sich gewöhnt, vor den Soldaten haben sie keine Angst. Ein weiterer freier Tag - keiner geht in die Schule. Die Straße ist dunkel, nur das Fenster des Lebensmittelladens leuchtet gelb. Eine Frau und ein Mann, beide ganz jung, wollen nicht zumachen – Krieg hin oder her, aber von irgendwas muss man ja leben. Ein Freund von ihnen kommt rein, erzählt, er sei tags zuvor in einen Kugelhagel geraten, das Auto sei hin, er sei davongekommen. Er verlangt eine Zwei-Liter-Flasche.

»Warum sollte ich Angst haben?«, fragt er leicht angetrunken. »Solange das Herz schlägt und die Seele brennt.«

Er nimmt sein Bier und geht auf die Straße. Schaut einem Auto mit Freiwilligen nach. Auch ihr Herz schlägt. Auch ihre Seele brennt.

04.02.2015 Verlorene und Bewahrte

Ein Klassenkamerad von mir hat sich als Freiwilliger gemeldet. Ich habe ihn vor zehn Jahren das letzte Mal gesehen, und unser Treffen war nichtssagend – wie geht's dir, was gibt's Neues, irgendwas Besonderes? Nichts Besonderes, wenn mans genau nimmt. Ich weiß nicht, wem seine politischen Sympathien galten, ob er wählen gegangen ist, und wenn ja, für wen er gestimmt hat. Ist ja eigentlich nicht schwer zu erraten, wenn man sich anschaut, wen die Leute hier so wählen. Und jetzt meldet er sich freiwillig, bezieht Position. Menschen sind immer wieder für Überraschungen gut. Daran müsste man sich eigentlich schon gewöhnt haben, aber die Gewöhnung fällt schwer. Plötzlich gibt es Geschäftsleute und Büroangestellte, die sich als Freiwillige betätigen und in Gefechte geraten, Studenten, aus denen freiwillige Soldaten werden, intelligente Männer und Frauen, die ihre Position finden und wichtige Entscheidungen treffen, die versuchen, irgendwie zu helfen, irgendwie Anteil zu nehmen. Der Krieg ändert die Menschen. Manche zerbrechen, andere wachsen. Aber betroffen sind alle. Auch wenn es Leute gibt, die den Krieg demonstrativ ignorieren und so tun, als existiere er nicht. Zu behaupten, man hätte keine Position, ist auch eine Position, sogar eine ziemlich aufschlussreiche.

Ständig heißt es, wir, unsere Städte, unser Land hätten sich stark verändert. Manche sagen das panisch, denn es wird nie wieder so werden, wie es früher war, wir alle haben dort, in der Vergangenheit, Dinge zurückgelassen, die uns fehlen werden, ununterbrochen sagen wir: »Das war noch vor dem Krieg.« Andere wiederum sprechen begeistert von den Veränderungen, sprechen von einem Land, das im Kampf zu sich selbst findet, sprechen von der Geburt eines Volkes. Und so weiter und so fort, ich werde das jetzt nicht alles wiedergeben. Die einen haben recht und die anderen auch, denn es wird wirklich nie mehr so werden, wie es einmal war, wir ändern uns alle. Aber manch einer nicht zu seinem Vorteil.

Vorteile bringt der Krieg sowieso keine. Was lässt sich im Krieg herausbilden? Der Charakter? Dazu meldet man sich besser in einem Sportverein an. Liebe zum Heimatland? Ich glaube nicht, dass ein Mensch mit Gewissen und Humor einen Schützengraben braucht, um zu begreifen, dass sich dieser Schützengraben in dem Land befindet, in dem er geboren wurde. Natürlich lernst du in einem Gefecht bestimmte Dinge, natürlich erlebst du dich und deine Umwelt auf eine neue Weise. Aber mit wem willst du diese Erfahrungen später teilen?

Mit wem werden sie über das Gesehene sprechen? Wer will sich das anhören? Schon jetzt ist der Krieg quälend und zermürbend. Sogar für diejenigen, die sich in sicherer Entfernung befinden. Der Krieg stört und nervt schon jetzt. Man muss kein großer Analytiker sein, um vorherzusehen, dass die Verdrossenheit nur noch weiter steigen wird und dass sie vor allem jene trifft, die den Krieg mitgemacht haben, die der Krieg verändert hat. Das sind natürlich nicht nur Soldaten. Zivilisten, über die die Front hinweggerollt ist, sind genauso betroffen. Sie stoßen schon jetzt auf Ablehnung. Und je größer die Verluste sind und je mehr Tränen fließen, umso stärker wird diese Ablehnung. Was wird aus diesen Männern und Frauen? Was wird aus ihren Kindern? Was aus ihren Eltern? Wie werden sie nach dem Ende des Krieges leben? Was wird sie beschäftigen? Werden sie sich freuen, dass alles vorbei ist? Alles permanent vor Augen haben wie einen Alptraum? Werden sie versuchen, die Schuldigen zu bestrafen, Gerechtigkeit herzustellen? Oder werden sie schweigen und Vergangenheit und Krieg in sich vergraben? Werden sie den Krieg je loswerden? Wie lässt er sich abschütteln? Mit Familie? Business? Religion? Schon jetzt spricht man von einer verlorenen Generation, von einer Generation, die von der Front zurückkehrt und die traurige Wahrheit der Schützengräben in sich trägt. Es stimmt, alle Kriege ähneln sich, und sei es nur darin, dass sie irgendwann zu Ende gehen. Zumindest offiziell. Aber im Krieg um den Donbass lässt sich schwer eine Generation abgrenzen. Über wen sprechen wir eigentlich? Über die Zwanzigjährigen? Oder über die Vierzigjährigen? Die dort kämpfen, sind ganz verschieden, unglaublich verschieden. Studenten, Philologen, Bullen, Bauern, Unternehmer. Sie sprechen Russisch oder Ukrainisch und in den meisten Fällen ein Mischmasch. Landsleute aus dem Westen wie aus dem Osten. Ehemänner, Junggesellen, Stoiker, Hysteriker, Idealisten, Selbstzweifler. Immer mehr Männer in unserem Land werden aus ihrer gewohnten Umgebung, aus ihrem zivilen Leben gerissen und finden sich vor ganz anderen Kulissen wieder, die ihr Leben fundamental verändern. Welche Generationsgrenzen lassen sich da ziehen? Und welche Generation gilt als verloren? Es scheint mir ehrlicher, nicht von Generationen zu sprechen, sondern von einzelnen Menschen – von jedem, der diesen Krieg erlebt hat und nach Hause zurückkehrt, von jedem Einzelnen, der diese nicht besonders lustige Erfahrung in sich trägt. Jeder ist anders, jeder hat seine eigene Wahrheit und seinen eigenen Weg, mit dieser Erfahrung umzugehen. Das Leben – wie auch der Tod – ist eine ganz private, zumindest jedoch individuelle Angelegenheit, deswegen taugen allgemeine Floskeln und statistische Angaben nicht, um darüber zu sprechen. Denn jede verlorene Generation bemisst sich in persönlichen Verlusten. Und keiner dieser Verluste lässt sich in Generationen oder Prozenten ausdrücken. Jeder muss sein eigenes Leben leben. Seinen Zugang suchen. Jeder hat seinen Hass. Oder seine Enttäuschung. Oder auch seine Liebe. Selbst all jene, die eine ganze Generation ergeben.

06.02.2015 Die Bibliothek

Die Schule wurde von einem Geschoss getroffen. Die Separatisten haben im Dorf rumgeballert, ziellos, und ein Geschoss hat das Schuldach erwischt. In der Schule findet schon lange kein Unterricht mehr statt, dort haben die Freiwilligen ihr Quartier. Ein Toter und zwei Verwundete sind die Bilanz. Seitdem schlafen die Freiwilligen im Keller. Sie heizen einen Kanonenofen, nachts halten sie abwechselnd Wache, tagsüber hat jeder seine Aufgaben. In einem Gebäudeflügel haben sie einen Speisesaal eingerichtet, in einem anderen lagern die Waffen. Auf dem Hof steht die Technik. Am Morgen wird das Dorf wieder beschossen, nicht besonders stark, aber unangenehm ist es trotzdem. In der Schule ist es kalt, die Fenster sind mit Decken und alten Plakaten verhängt, durch die Flure pfeift der Wind.

»Hier gibt es eine Bibliothek«, sagt einer der Kämpfer, »willst du sie sehen?«

In der Bibliothek fehlen die Fensterscheiben, ein früherer Einschlag. Die Bücher liegen auf Haufen über den ganzen Raum verstreut. Das Winterwetter gibt ihnen den Rest. Wenn der Unterricht wieder beginnt, wird man die Bibliothek neu ausstatten müssen. Und nicht nur die Bibliothek – nach dem Krieg wird man bei vielen Dingen von null anfangen müssen. Vielleicht sind die Bibliotheken nicht das Wichtigste, aber ohne sie geht es keinesfalls. Wir werden die Bücher zusammentragen, durchlesen, repetieren und uns ins

Gedächtnis rufen müssen, was uns zwischen den Schüssen und den Toten abhandengekommen ist.

Hier liegen verschiedene Bücher. Manche sind noch aus den Sechzigern. Neuerscheinungen gibt es so gut wie keine, abgesehen von ein paar offiziellen Broschüren aus den Neunzigern. Ukrainische und sowjetische Klassik, Stoff aus dem Lehrplan. Zerlesen, mit abgewetzten Buchrücken, hier bekritzelt, da eingerissen. Sie liegen herum und beschließen ihre Tage. Keiner ist da, der sie rettet, keiner, der sie liest. Auch sie haben niemanden gerettet, niemanden gemäßigt, niemanden zur Einsicht gebracht. Und so dauern die Gefechte an, und der Winterregen ergießt sich in die Bibliothek.

Kozjubynskyj, Sosjura, Dovzhenko – was braucht man noch, um ein normaler Mensch zu werden? Eigentlich nichts. Tschechow und Tolstoi vielleicht noch. Auch sie liegen hier auf dem Haufen, auch sie lösen sich im Regen auf. In einem Krieg ist die Klassik überflüssig und fehl am Platze, ganz gleich, in welcher Sprache, ganz gleich, welche Kulturpolitik betrieben wird.

Ich muss an unsere Schulbibliothek denken. Mehr oder weniger dieselben Autoren, dieselben Ausgaben. In den letzten dreißig Jahren hat sich an den Lehrplänen wenig geändert. Und in unseren Köpfen ebenso. Wir lesen dieselben Autoren, wachsen mit denselben Dingen auf. Haben dieselben Vorstellungen. Wir werden erwachsen, werden selbständig. Die Klassiker nehmen wir natürlich nie wieder zur Hand. Vielleicht ist das gerade das Problem? Vielleicht sollten wir uns die Lektüre aus der Kindheit von Zeit zu Zeit ins Gedächtnis rufen? Wir hatten doch die gleichen Lehrpläne, überhaupt hatten wir allerhand Gemeinsames – die gelesenen Bücher, die gesehenen Filme, die Zeitungen, Zeitschriften, Witze, Helden, Wünsche, Hoffnungen. Wo sind sie abgeblieben? Warum werden plötzlich Klassenzimmer beschossen?

Es gibt keinen traurigeren Anblick als verwüstete Bibliotheken. Auch unversehrt wirken sie schutzlos und zeitversunken, denn Papier ist immer wehrlos und brüchig, aber wenn Bücher von den Regalen gefegt und auf dem Boden verstreut, der Nässe und dem Verfall preisgegeben werden, ist das unerträglich. Was soll das, denkt man sich, was können denn die Bücher dafür? Die Bücher sollten eigentlich ein letztes Argument sein, das Feuer einzustellen, ein letzter Anstoß, sich auf das Wichtige und Einfache zu besinnen, auf das, was uns früher Lebensfreude beschert und das Misstrauen besiegt hat. Die Bücher sollten uns zur Vernunft bringen, uns davon abhalten, das Gewissen und geltende Normen auszublenden. Dafür sind sie schließlich geschrieben worden. Dafür wurden sie schließlich in den Lehrplan aufgenommen. Damit wir sie durchlesen, und sei es nur diagonal, sei es auf die Schnelle, damit wir ihnen etwas entnehmen, es uns vergegenwärtigen und verinnerlichen. Damit wir später etwas haben, auf das wir uns stützen, auf das wir uns berufen können. Aber das hat nicht funktioniert. Bücher sind eben doch nur ein Haufen feuchtes Papier, das in erster Linie vermodert und zerfällt, das dort stirbt, wo Menschen um ihr Leben, um ihre Zukunft kämpfen. Was kann Kultur schon gegen Unheil ausrichten? Oder gegen Politik? Wie immer nichts. Darum müssen wir mit allem von vorn beginnen.

Beim Rausgehen nehme ich mir einen Auswahlband von Sosjura mit. Wenn der Krieg zu Ende ist, bringe ich ihn zurück.

14.02.2015 Politik

Vielleicht waren wir noch nie so abhängig von ihnen. Manche setzen noch Hoffnung in sie, andere haben den Glauben schon lange verloren. Hoffnung, Skepsis, kalte Berechnung, glühender Hass. Und doch bleiben sie der Bezugspunkt – ihre vorhandene oder fehlende Logik, ihre Zusammenkünfte, ihre Spitzentreffen, die runden Tische mit ihrer Beteiligung. Politik tötet, hat einmal ein kluger Mensch in einem Lied gesungen, dem lässt sich schwer widersprechen. Ja, Politik tötet, genauer gesagt töten der Wirrwarr und die Abnormität in den Köpfen einzelner Politiker. Wenn man bedenkt, wo sie herkommen und wer sie gewählt und ihnen Vollmachten erteilt hat, wird klar, dass es nicht um Einzelpersonen, nicht um individuelle Ängste und Phobien geht, sondern dass diese Ängste und Phobien in vielen verwurzelt sind, dass sie Massen infizieren, Mengen verführen, das Böse legitimieren, ihm Unterstützung und Energie verleihen. Die Politik tötet alle – diejenigen, die sich für sie interessieren, und diejenigen, die sie hassen.

Nehmen wir zum Beispiel das letzte Treffen der Präsidenten. Was typisch ist und wütend macht: Du setzt Hoffnung in Leute, denen du nicht vertraust, du versuchst verzweifelt daran festzuhalten, dass es ohne Hoffnung nicht geht, dass ein Fünkchen Hoffnung bleiben muss, an das du dich klammern kannst. Woran willst du dich sonst klammern? Die Hoffnungslosigkeit macht wütend. Der Zynismus, die Vorhersehbarkeit machen wütend. Zynismus und Vorhersehbarkeit – wie willst du das alles ruhig mit ansehen und etwas erwarten? Protokolle, Berater, Journalisten und im Hintergrund als ständige Begleitmusik – Meldungen über gefallene Soldaten, Fotos von zerfetzten Zivilisten, ausgebrannten Autos, zerbombten Häusern. Vor allem die Abhängigkeit macht wütend. Unangenehm ist die Abhängigkeit von kaltem Metall, dessen Bestimmung es ist, zu zerstören und zu unterdrücken. Unangenehm ist die Abhängigkeit von Bedingungen, die von Anfang an ungerecht sind. Unangenehm ist es, Teil der Politik zu sein, unangenehm, an einem zeitlichen Bruch, an einer Geschichte teilzuhaben, in die Blut sickert. Sicher finden sie ihr Miteinander auch unangenehm. Sie sehen nicht aus wie Leute, die sich freuen, wenn sie einander treffen. Sie sehen überhaupt nicht aus wie Leute, die sich freuen. Wahrscheinlich ist es schwer, die Last der Verantwortung für uns alle zu tragen, wahrscheinlich schlafen sie schlecht mit dem Gedanken an unsere Existenz. Alles in Ordnung? Schon die Kontrolle wäre lästig, so viel ist sicher.

Im Krieg wird ständig über die Politiker geredet. Die Soldaten reden hasserfüllt und verächtlich, die Zivilisten verzweifelt und ratlos. Die Soldaten sind wütend auf die Politiker, sie misstrauen ihnen, zeigen keinerlei Respekt, nur Skepsis und Ironie. Die Zivilisten setzen auf sie wie immer – auf die eigenen, auf die fremden, auf irgendwelche. Sie weinen, appellieren, bitten, flehen. Oder fluchen, schimpfen, fühlen sich gekränkt. Jedenfalls spüren sie die Abhängigkeit, die eigene Hilflosigkeit, die Aussichtslosigkeit, diesem Elend zu entkommen, die Aussichtslosigkeit, überhaupt irgendetwas zu beeinflussen.

Eingezwängt zwischen zwei Feuern, im Stich gelassen mitten im Winter, von Gefechtslärm bedrängt, weinen sie und beklagen sich, wälzen die Verantwortung ab, bitten um Hilfe, wollen gehört werden. Und sie werden gehört. Jeder hört jeden, längst haben alle alles gehört. Das ist nichts Neues. In jedem neuen Krieg bleibt alles beim Alten: Keiner traut den Politikern, aber alle hoffen weiter, eine kleine Hoffnung, eine heimliche Hoffnung, die keiner zeigt, über die keiner offen spricht. Denn es ist leichtsinnig, den Politikern zu glauben, von ihnen eine Lösung der Probleme zu erwarten, auf ihre Fähigkeit zu spekulieren, dich wahrzunehmen, und zu glauben, dass sie dann etwas unternehmen werden, wenn sie dich gesehen haben.

Was bleibt also? Es bleibt, die nächsten Treffen, die nächsten Entscheidungen, Ankündigungen und Erklärungen abzuwarten. So in etwa. Und dabei vor allen Dingen seine eigene Sache nicht zu vernachlässigen. Auch wenn sie keinerlei politisches Gewicht hat.

05.03.2015 Vorfrühling

Im Sommer ist es hier herrlich. Ein weites Tal, ein hoher Himmel, viel Sonne, viel Luft. Hügel, Mulden. Hartes Gras, Trampelpfade von Kühen. Kreidebrüche leuchten in der Sonne, vereinzelte Bäume biegen sich im Wind. Im Herbst nicht abgeerntete Sonnenblumenfelder, Brachland, Röhricht. Der Winter war lang und nicht allzu kalt, der Boden hat sich schon erwärmt und ist weich geworden, bald kommt der Frühling mit Sonne, Wasser und Grün. Noch verschmilzt das Erdgrau mit dem Himmelsgrau, noch ist das Licht weich und die Luft klar. Die Vögel und Tiere fühlen sich hier wohl – sie haben viel Platz, die Entfernung zur Zivilisation ist komfortabel. Das nächste Dorf liegt jenseits des Hügels – die holprige Straße ist vollkommen leer, nirgends Menschen, und man vermisst sie auch nicht.

Die Straßen im Dorf sind auch leer. An den zerfallenen und geplünderten Garagen der ehemaligen Kolchose müssen wir nach links abbiegen. Wenn man sich hier einmal verfährt, kommt man sonstwo raus. Natürlich gibt es keine Straßenschilder, keine Hinweise. Die Einheimischen kennen die Strecken, und an Fremde ist man hier nicht gewöhnt. Fremde verirren sich nicht hierher. An der Schnellstraße, ungefähr zehn Kilometer von hier, hat letzten Sommer eine Explosion die Brücke beschädigt, den Herbst hat die Brücke noch irgendwie überstanden, im Winter ist sie dann eingestürzt, und so machen nun alle einen Umweg über das von frischer Luft verwöhnte und von Gott vergessene Tal, durch das Dorf mit seiner holprigen Straße und den beiden ewig geschlossenen Läden. An der Haltestelle steht ein junges Pärchen in chinesischen Daunenjacken. Sie warten auf den Bus. Das Wochenende beginnt, eine gute Gelegenheit, Einkäufe zu machen. Die Kiewer Nummernschilder machen sie stutzig, das Ukrainische nicht, daran haben sie sich schon gewöhnt. Oder tun so, als hätten sie sich daran gewöhnt. Man kann sich an alles gewöhnen. Oder zumindest so tun, als hätte man sich dran gewöhnt.

In den Städten im Hinterland, die im letzten Sommer von der ukrainischen Armee befreit wurden, hat sich das Leben normalisiert und beruhigt. Pizzerien, Kinos, Supermärkte mit Serviceautomaten, Straßenreklame. Der Krieg bricht nur hin und wieder in diese graue Winterwirklichkeit ein, mit spitzen Brocken, hier ein eingestürztes Haus, dort eine gesprengte Brücke, überall Kontrollposten, überall Militär. Und von den Werbeplakaten an der Straße schauen viele bärtige Männer, die zum Sieg rufen. Es ist schwer zu unterscheiden, wo das Erbe der Vorkriegszeit aufhört und wo die direkten Kriegsfolgen beginnen. Die meisten Gebäude sind nicht erst durch die Kampfhandlungen zu Ruinen geworden, die toten Stollen und Garagen, die leeren Häuser und Silos stehen hier schon etliche Jahre, sie haben keinen Krieg gebraucht – sie haben ihre traurige Existenz von selbst beendet. Alle haben sich längst an dieses merkwürdige Arrangement von Einkaufszentren und kalten Kombinaten gewöhnt, der Zustand der Straßen wird gar nicht mehr wahrgenommen. Seit Krieg ist, gibt es einfach noch mehr von allem – noch mehr Ruinen, mehr Schlaglöcher, mehr Ruß, mehr Steine, mehr Rauch. Aber die Reklame hängt, das Leben läuft, der Winter geht zu Ende, und alle hoffen auf bessere Zeiten.

Hinter der kleinen Ortschaft Kreminna unterhalten wir uns an einem Kontrollposten mit den Milizionären. Junge Burschen aus der Gegend, lustig, unbekümmert; an der Front ist Feuerpause, sie sind weit im Hinterland, das Wetter ist warm, der Morgen ruhig, die Stimmung gut.

»Bin aus Nowopskow«, sagt einer.

»Ach«, sage ich, »ein Landsmann.«

»Und wieso dann Ukrainisch?«, will er wissen.

»Von zu Hause«, sage ich.

»Wir quatschen hier alle Surzhyk«[5], sagt er. »Wir sind ja nich dafür hier.«

»Schon klar«, sage ich.

Wir suchen nach gemeinsamen Bekannten. Wollen wissen, wer wo im Einsatz war und wer versetzt wurde, wer auf der anderen Seite der Front Dinge zurücklassen musste. Die Milizionäre sind erstaunlich friedfertig. Dann entdecken sie unsere Instrumente.

»Was spielt ihr so?«, wollen sie wissen.

»Rock 'n' Roll«, sage ich.

»Eigene Sachen?«, fragen sie wie Insider, »oder fremdes Zeug?«

Über Politik reden sie nicht. Sie werden auch nicht danach gefragt. Dass sie mit ihren Maschinengewehren hier an den ukrainischen Kontrollposten stehen, spricht für sich. Dass sie sich in den Dörfern und Kleinstädten aufhalten und versuchen, etwas zu bewerkstelligen, ist viel wichtiger als alle Gespräche über Sprache und Geschichte. Jetzt kommt der Frühling, dann der Sommer, alle haben viel Arbeit vor sich, alle brauchen viel Kraft, Glauben, Geduld, Gewissen. Politik stört da nur. Politik stört überhaupt. Irgendwann ist alles vorbei und anstelle von Kontrollposten werden wieder Brücken und Bahnhöfe gebaut, und in den Schulen werden wieder Kinder sitzen

---

5 Russisch-ukrainische Mischsprache, die vor allem im Osten des Landes gesprochen wird. (A. d. Ü.)

anstelle von Soldaten. Alles muss wieder aufgebaut werden. Das, was im Krieg zerstört wurde, und das, was schon vorher kaputt war. Die Zerstörung geht hier schon ewig. Als wäre hier schon ewig Krieg. Als würde man hier schon ewig auf sein Ende warten.

10. 03. 2015 Wer wohnt in deinem Haus

Sie ist noch im Herbst aus Luhansk weggegangen. Irgendwohin nach Russland. Ohne ihren Freund wäre sie sicher in einen ukrainischen Ort gegangen. So haben die Liebe und die Gefühle entschieden, in schweren Zeiten hat man es zu zweit leichter. Das ist verständlich. Wie viele Menschen würden sich am liebsten gegenseitig den Hals umdrehen, wie viele Familien reden nicht mehr miteinander, seit Krieg ist. Gut, dass sie reden. Gut, dass wenigstens bei ihnen alles gut ist.

Vor kurzem hat sie mir geschrieben, sich für mein Buch bedankt, das ihr jemand übergeben hat. »Vielleicht laufen wir uns mal irgendwo über den Weg«, schreibt sie. »Sicher«, schreibe ich zurück, »in Luhansk.«

Wie viele ähnliche Stimmen habe ich in der letzten Zeit gehört – Stimmen derer, die weggegangen sind, die alles zurückgelassen haben, denen nichts geblieben ist. Dabei ist jeder anders. Manche verurteilen den Separatismus, andere zeigen sich loyal, manche unterstützen ihn sogar. Manche waren gezwungen zu fliehen, andere hatten einfach Angst, manche wollen die Zeit überbrücken. Jetzt sprechen sie über ihre Städte in der Vergangenheitsform. Das friedliche Leben, der Alltag, die Freunde, die bekannten Adressen, die Lieblingsplätze liegen im Gestern. Manche wollen zurück. Andere nicht. Aber die Städte ziehen sie magisch an; sie reden von ihnen mit Zärtlichkeit und Nostalgie oder mit Hass und Wut. Wie über etwas, das ihnen genommen wurde, das sie loslassen mussten, das eine Klärung der eigenen Haltung erfordert. Niemand war darauf vorbereitet, Flüchtling zu werden, Flüchtling wird man plötzlich und unverhofft, kaum einer ist darauf eingestellt, kaum einer kann sich damit abfinden. Sie verbergen ihre Irritation hinter Tapferkeit und Trauer oder hinter Radikalität und Resignation. Aber die Irritation lässt sich kaum verbergen, sie sitzt in den Augen, sie zu entdecken, ist nicht schwer. Viel schwerer ist es, die richtigen Worte zu finden, um ihnen zu antworten, um normal mit ihnen zu reden, um sie nicht mit Mitleid oder Desinteresse zu kränken.

Während sie durch die Welt ziehen, provisorische Wohnungen mieten, sich an Orten aufhalten, die wenig wohntauglich sind, während sie versuchen, sich einzuleben und einzurichten, bewohnt jemand ihre Städte, zieht jemand zu, quartiert sich womöglich in ihren Wohnungen ein, redet in ihrem Namen, erhebt Forderungen, entwickelt Ansprüche. Ich meine nicht die Einheimischen, nicht die ehemaligen Nachbarn. Ich meine jene, die in der letzten Zeit, die seit Kriegsbeginn gekommen sind. Jene, die ernsthaft glauben, sie könnten in jemandes Namen sprechen, jemandes Interessen verteidigen, die meinen, sie hätten einen Anspruch. Die Flüchtlinge, sie haben keinerlei Rechte, ihre Rechte liegen noch in den alten Wohnungen, in den hintersten Schubladen, in den verlassenen Schränken und Anrichten. Selbst wenn sie reden würden – wer würde ihnen zuhören?

Und doch müssen sie reden, müssen sich an das klammern, was war, und müssen darauf hoffen, dass alles zurückkommt. Auch wenn es nie wieder so sein wird wie früher, auch wenn alles anders wird, möchten sie doch glauben, dass sie irgendwann in ihre Städte, in ihre Häuser, an ihren angestammten Platz zurückkehren. Denn niemand wird als Flüchtling geboren, niemand hat die Absicht, Vertriebener zu sein. Ein Mensch sollte in seinem Haus leben, in einem fremden Haus fühlt er sich immer fehl am Platze und wird immer als Fremder behandelt, wie viel Zeit auch vergangen sein mag.

Ich möchte nie dem Ort entrissen werden, an dem es mir gutgeht, um nichts auf der Welt möchte ich die Viertel verlassen, die ich liebe. Verständlicherweise nehmen die Chancen, einander zuzuhören, fremde Stimmen, fremdes Leid wahrzunehmen, heute immer mehr ab, weil das Leid immer mehr zunimmt. Aber die Notwendigkeit zu helfen wird nicht geringer. Was kann man für jemanden tun, der seine Bleibe verloren hat? Man kann ihm helfen. Ihn zumindest unterstützen. Ihm zum Beispiel sagen, dass alles wieder gut wird, dass nichts verloren ist, dass sie alle dorthin kommen werden, wo es ihnen gutging, wo sie hingehören, wo immer noch jemand auf sie wartet. Und das ist ja auch nicht gelogen.

21. 03. 2015 Sartana

»Und wie heißen Sie nun richtig?«, frage ich. »Sartakianer?«
»Sartakisten«, antwortet ein einheimischer Musiker. »So ähnlich wie Spartakisten.«
Sie sind hier tatsächlich so was wie Spartakisten, denn Sartana ist eine griechische Siedlung. In der hiesigen Musikschule zeigt der Direktor stolz seine Klassen: die Klavierklasse, die Gesangsklasse, die Bouzouki-Klasse. Die Bouzouki ist ein griechisches Zupfinstrument, sie haben ein paar Instrumente aus dem Mutterland bekommen und sich das Spiel selbst angeeignet. Als er uns die Räume gezeigt und die Kinder vorgestellt hat, führt er uns ins Museum. An den Wänden jede Menge Urkunden und Diplome, die Schule ist wirklich gut. Die Porträts der Lehrer hängen separat. Eine Bildunterschrift sticht ins Auge: Anatolij Wassyljowytsch Zirze, Heizer, als *verantwortungsbewusst* und *tatkräftig* wird er beschrieben. Das wäre ja auch noch schöner, dachte ich, wenn einer mit diesem Namen nicht tatkräftig wäre. Die Führung endet in der Aula. Ein Lehrerensemble singt einige griechische Schlager. Die Bouzouki ist auch auf der Bühne. Aber eigentlich gibt der Trommler den Ton an, ein älteres Semester, unglaublich charismatisch, er hat eine gewisse Ähnlichkeit mit dem Drummer der Rolling Stones. Nach dem Auftritt zollen wir uns gegenseitig Dank – wir ihnen, sie uns. Vergesst uns nicht, sagen die Sartakisten. Euch vergessen, antworten wir. Im Flur hängen ein paar Kinderzeichnungen und ein paar Schewtschenko-Porträts. Daneben ein Hinweisschild: Zum Bombenkeller.
Zu unserem Auftritt im Kulturhaus kommen später überwiegend Soldaten. Ständig läuft ein trockenes Husten durch den Raum; der Kriegsdienst in der Winterluft fordert seinen Tribut. Die Soldaten

sind konzentriert, hören zu, die Waffe in der Hand. Die Kinder sind ausgelassener, aber man merkt, dass weder sie noch die Soldaten oft auf Konzerte gehen. Die Soldaten fordern ein Liebeslied. Die Kinder übrigens auch. Zuvor ist Sartana beschossen worden. Jetzt hat sich die Front zurückgezogen, hier ist es ruhig. »Die Griechen«, hat uns Kostja, ein Aktivist, erklärt, als wir hierhergefahren sind, »haben unterschiedliche Einstellungen. Besonders loyal gegenüber der Ukraine sind sie nicht gerade.« »Und was wollen sie?«, frage ich. »Frieden«, erklärt Kostja. »Grob gesagt.«

Grob gesagt wollen alle Frieden. Kostjas Mutter ist in Donezk geblieben. Wenn er sie anruft, sagt sie, es sei alles in Ordnung, alles gut, sie hätten alles. Und behauptet außerdem, allen Rentnern, die sich am Referendum für die Donezker Volksrepublik beteiligt hätten, würde es leidtun. Für sie passt das durchaus zusammen. Bei vielen passen die merkwürdigsten Dinge zusammen: die Liebe zum Frieden und die Abneigung gegen die Soldaten, die diesen Frieden garantieren, die Abhängigkeit vom Staat und die komplette Ignorierung desselben. Überall Paradoxa und zerfallende Schablonen. Hier hat wahrscheinlich niemand erwartet, dass man sich irgendwann entscheiden muss, dass man sich festlegen, sich über Dinge klarwerden, Beschlüsse fassen, auf Sachen verzichten, Kompromisse eingehen muss. Keiner möchte verzichten, keiner mag Kompromisse. Alle wollen, dass andere für sie Kompromisse eingehen, dass andere zu ihren Gunsten verzichten. Aber das Leben hat mit uns so seine eigenen Pläne, hat seine Auffassung davon, wie lächerlich wir uns machen in unserem Bestreben, die Bedingungen zu diktieren und die Regeln zu bestimmen.

»Bei uns Griechen«, erzählt der Schuldirektor, »werden mindestens zweihundert Gäste auf eine Hochzeit eingeladen. Und eine Hochzeit dauert mindestens zwei Tage. Und wenn einer kein Geld hat, dann leiht er sich welches, die Gäste werden trotzdem eingeladen. Wir Griechen«, sagt er, »wissen, was wir wert sind. Wie ihr Ukrainer ja auch«, fügt er hinzu.

Er teilt das so respektvoll und selbstverständlich ein: wir, ihr. Und auch von seinen Kollegen spricht er respektvoll. Er schlägt vor, weiter in Kontakt zu bleiben, wieder vorbeizukommen, nach dem Krieg.

Man würde wirklich gern wiederkommen. Nach dem Krieg, unter anderen Umständen. Ihre Feiertage erleben, Gast auf einer Hochzeit sein. Sich vergewissern, dass alles in Ordnung ist, dass die Kinder nach wie vor bei ihren Eltern leben, dass es in den Schulen keine Bombenkeller mehr gibt. Und vor allem, um Anatolij Wassyljowytsch Zirze kennenzulernen, den *Tatkräftigen* und *Verantwortungsvollen*.

24.03.2015 Wolnowacha

Von Mariupol nach Wolnowacha braucht man mit dem Auto eine halbe Stunde. Tags zuvor ist am Kontrollposten Wolnowacha ein Angehöriger des ukrainischen Sicherheitsdienstes umgekommen. Wie das jetzt dort mit den Kontrollen ist, weiß keiner. Die Straße säumen lauter leere Reklametafeln. Hier und da hängen Plakatfetzen herab. Neue Werbung gibt es nicht. Wahrscheinlich hat man hier keine Waren zu bewerben. Oder keine Kunden. Von der Stadt weht Rauch aus den Fabrikschloten herüber. Die Schnellstraße ist auffallend leer. Und das, obwohl Wochenende ist, der Tag für den Markt. Aber es gibt keinen Handel, und auch sein Motor, also die Werbung, fehlt. Schwach vibriert der Asphalt unter den Rädern – Spuren von Panzern, ansonsten ist die Straße ganz passabel. Am Kontrollposten bei der Einfahrt nach Wolnowacha gibt es keine Probleme, alles geht glatt. In der Stadt selbst ist es auch ruhig. Blau-gelb bemalte Bäume, an einer Hauswand steht: »Die Russen gehen in den Arsch«, Russen ist durchgestrichen, darüber geschrieben steht »Fuckrainer«. Kampf der Weltanschauungen sozusagen. Vor dem Kulturhaus steht ein schwarzer Lenin. Mütter spazieren mit ihren Kindern daran vorbei. Alles ist ruhig – die Front ist relativ weit weg, sie reicht nicht bis hierher. Vor der Kneipe gegenüber steht ein Trupp junger Männer in Trainingsanzügen. Sie schauen ziemlich finster in die Runde. Vielleicht kommt das vom Zigarettenqualm. Auf den Informationstafeln am

Bahnhof ist zu lesen, Wolnowacha sei »das südliche Tor zum Donbass«, der Kreis verfüge über 40 Kulturhäuser und 36 Bibliotheken. Daneben hängt eine Namensliste der Leute, die im Winter bei einem Anschlag auf einen Kleinbus ums Leben gekommen sind, ganz hier in der Nähe. Dann gibt es noch verschiedene Aushänge: Jemand bietet eine Wohnung zum Verkauf, jemand bittet um Geld für die medizinische Behandlung seines Kindes. Daneben hängt der Busfahrplan Richtung Zaporizhzhja und Rostow. Im Kulturhaus steht eine Warnung über dem Waschbecken, das Trinken des Wassers aus dem Hahn sei »strengstens verboten«. Der Hahn fehlt, selbst wenn man wollte, käme man nicht in Versuchung.

Das Konzertpublikum in Wolnowacha ist offen und herzlich – die Leute kommen aus dem Ort und aus den umliegenden Dörfern, auch ein paar Soldaten sind da. Während wir auftreten, treffen sich in einem anderen Raum die Veteranen. Sie decken den Tisch, auf den Fluren riecht es nach Hausmannskost. Sie singen zum Akkordeon Lieder aus sowjetischen Filmen. Vorfrühling, blauer Himmel, keine Gespräche über Politik.

Über Politik sprechen die Leute nur unter vier Augen, wie über etwas ganz Persönliches, Privates. Jura, der Wachmann, erzählt, wie Volksrepublikler versucht haben, ihn von Mariupol nach Donezk zu lotsen, damit er sich ihnen anschließt. Er hatte Donezk schon im letzten Sommer verlassen. Aus seinem Stadtteil, sagt er, seien viele zu den Opoltschenzy, den Kampftruppen der Separatisten, gegangen. Und ihn haben sie auch gesucht. Haben einen Freund von ihm geschnappt und ihn gezwungen, bei ihm, Jura, anzurufen. Der sollte ihn bitten herzukommen. »Ich verstehe sie nicht«, sagt Jura, »was ist nur mit ihnen passiert, was ist mit ihnen los?« Er macht einen Bogen um »dort«, er ist sich sicher, dass man ihn nicht wieder rauslassen würde.

Sascha, unser Fahrer, fährt »dahin«, er hat keine Angst, just an diesem Morgen ist er aus Donezk zurückgekommen, hatte seinen Eltern die Rente gebracht. Seine Eltern haben Glück – sie haben Sascha auf ukrainischem Territorium. Er unterstützt sie, beliefert sie, versorgt sie. Wer niemanden hat, dem geht es schlechter. Sascha erzählt von

Donezk, dem teuren Benzin dort, von den leeren Läden, den astronomischen Preisen. Früher, sagt er, gab es in einem normalen Supermarkt 30 Sorten Tee. Heute gibt es zwei. Und eine Sorte Mineralwasser, die eine ganze Regalwand füllt, damit es nicht so leer aussieht. Er erzählt vom Markt, wo verdorbenes Fleisch verkauft wird und von dem keiner weiß, wo es herkommt. Er erzählt von den Bettlern vor den Geschäften. Vom Misstrauen der ukrainischen Militärs, die alle mit einem Donezker Meldestempel filzen. Von der nicht nachvollziehbaren Politik in Kiew. Kann man denn so mit Menschen umgehen?, fragt er. Kann man denn einfach alle hernehmen und aussperren, isolieren? Sie liefern die Leute dem Tod aus. Nimm zum Beispiel meine Eltern, sagt er, die haben ihr Leben lang gearbeitet. Und jetzt kriegen sie keine Rente. Und dann will die Ukraine noch, dass die Leute sich hinter sie stellen. Hast du Tschetschenien-Kämpfer gesehen?, will ich wissen. Da gibt's alle möglichen Kämpfer, antwortet Sascha, keine Ahnung, wer sie sind. Denkst du, ich frag sie?

An der Ausfahrt aus der Stadt, am Kontrollposten, hat ein Soldat einen Hund auf dem Arm. Er spricht mit dem Hund und beachtet uns gar nicht. Der Hund beachtet auch niemanden.

Im Kulturpalast lernen wir das hiesige Folklorestudio kennen. Die Frau, die es leitet, erzählt, wie alles vor ein paar Jahren angefangen hat. Zuerst kamen nur die Kinder, später auch die Eltern. Am Anfang haben alle über die Kinder gelacht, was treibt ihr denn da, hieß es. Jetzt genießen wir Respekt, das Studio fährt regelmäßig zu Wettbewerben und gewinnt Preise. Sie sammeln Material in den umliegenden Dörfern. Die Dörfer wurden nämlich schon im 19. Jahrhundert mit Zugereisten aus dem Gebiet Tschernihiw und der Sloboda-Ukraine besiedelt. Also wird ukrainisch gesungen. Und auch gesprochen. Hier – die Frau zeigt uns ein Foto – das sind meine Eltern. Ich sehe mir das Foto an. Der Donbass in den vierziger, fünfziger Jahren. Junge Leute, schöne Gesichter. Die Mutter trägt eine bestickte Bluse. Der Vater tanzt Hopak. Bestickte Tücher, Ikonen, Bräuche. Donbass. Die Vierziger, die Fünfziger. Keine »Russische Welt«.

Lassen Sie uns bitte nicht allein, sagt eine ältere Frau. Lassen Sie uns hier nicht allein. Sie sagt das ohne Sentimentalität, ruhig und zurückhaltend, im Wissen, dass es auf sie nicht wirklich ankommt. Die Luft erwärmt sich, der Frühling ist immer deutlicher zu spüren, alle Gespräche laufen auf Politik hinaus.

28.04.2015 Widerstehen und abwarten

Das Land zu bereisen ist nützlich. Aber nicht immer angenehm. Du bekommst zu viel mit, zu viele kleine Dinge, Details, Stimmen, Gefühle. All das ist irgendwann zu etwas gut, du kannst diese Stimmen nicht ignorieren, die Facetten nicht ausblenden. Und das ist nützlich. Es ist nützlich, sich zu vergegenwärtigen, in was für einem Land du lebst, welche Zeit dich umgibt, welche Luft du atmest. Was ist das für Luft ringsum? Woraus besteht sie? Aus Hoffnung und Erwartung, aus Freude und Glauben, aus Stehvermögen und Ausdauer. Aber auch aus Erschöpfung, Verzweiflung und Verunsicherung.

Die Erschöpfung wird immer größer, die Verzweiflung immer tiefer. Besonders bei denen, die nie eine große Begeisterung an den Tag gelegt haben. So ist es häufig: Als Erste reden die vom Verlust des Glaubens, die ohnehin nie geglaubt haben. Sie sind es, die von den verlorenen Illusionen, den zerstörten Träumen, den unerfüllten Hoffnungen sprechen. Und was hat das nun gebracht?, fragen sie, was soll das, wo liegt der Sinn? Es ist also alles wie immer. Ich erinnere mich noch gut daran, dass es vor elf Jahren, nach dem Herbst 2004, ähnlich war. Die gleiche Zahl von Enttäuschten und Entmutigten, die gleiche allgemeine Skepsis, die gleiche beißende Ironie. Und jetzt passiert etwas Ähnliches – die Erschöpfung verstärkt die Wut, die Verunsicherung löst Ängste aus. Und die permanente Angst nimmt dir die Fähigkeit, dich nüchtern zu äußern und logisch zu handeln. Deswegen liegt immer mehr Hysterie und immer weniger Ruhe in der Luft. Auch Frühling liegt in der Luft. Er drängt sich ins Bewusstsein. Und in die Gedanken. Du denkst also zum Beispiel daran, dass alle ein bisschen erschöpft, viele verzweifelt sind, doch das Leben geht weiter, ob wir nun glauben oder Angst haben. Deswegen hält man sich besser an Dinge, die einem Kraft, die einem Sicherheit geben, an Stimmen, die aufrichten und helfen. Vor allem, wo es von diesen Stimmen hinreichend viele gibt.

Zwanzig Städte in einem Monat. Hunderte Bekanntschaften, Tausende Gesichter. Es ist merkwürdig, du hörst die Stimmen, merkst dir die Geschichten und bist versucht zu glauben, dass es viele sind und die Vernünftigen, Offenen, Prinzipientreuen, Unbeugsamen in der Überzahl. Dabei ist doch klar, dass du ein ziemlich spezielles Publikum hast. Wer keine Überzeugungen hat, interessiert sich nicht für Literatur. Die Liebe zur Literatur ist bereits eine Überzeugung, ein Prinzip. Erfreulicherweise gibt es nicht wenige von diesen Überzeugten und Prinzipienfesten, und es gibt sie überall, sie sind nicht zu überhören und nicht zu übersehen. Es ist gut, ihnen zu begegnen, mit ihnen zu sprechen, sie zu hören, an sie zu denken.

Der Frühling ändert sowieso die Stimmung. Sonnenschein ist gesund. Nach dem Winter weicht die Kälte, und das Land füllt sich mit Wärme. Ostern, Feiertage, Gartenarbeit – die Menschen sind mit ihren Alltagsdingen beschäftigt, gehen ihren gewöhnlichen Verrichtungen nach, kümmern sich um die Arbeit, um die Kinder, um die Familie. Ein Jahr dauert der Krieg im Land nun schon. Er zehrt, kostet Kraft, frisst Leben. Manche denken an ihn, andere verdrängen ihn. Häufig ist er einfach nicht sichtbar hinter dem zivilen Alltag, den blühenden Bäumen, dem frischen Grün. Häufig ist er einfach nur der Hintergrund für die Nachrichten, ein Bild aus dem Fernsehen, er bleibt etwas Entferntes und Unangenehmes. Viele haben gelernt, mit dem Krieg zu leben, manch einer hat gelernt, im Krieg abzusahnen. Viele stört, behindert, verärgert der Krieg. Jeder möchte sein Leben leben, seine Probleme lösen, möchte am liebsten überhaupt keine Probleme haben. Und dann ist da dieser Krieg, blutig und schmerzhaft, und fordert deinen direkten Einsatz. Auf der einen Seite gibt es die Kriegsmüdigkeit und das Unverständnis darüber, warum der Krieg überhaupt geführt wird und gegen wen, warum er sich nicht beenden lässt, wieso er weitergeht. Auf der anderen Seite die Einsicht, dass sich ohne dich nichts entscheiden, nichts ändern wird, dass immer noch viel von dir abhängt, dass du ein Recht auf deine Stimme und deine Überzeugungen hast. Etliche Freunde aus Charkiw,

Dnipropetrowsk, Zaporizhzhja und Kiew arbeiten als Freiwillige, fahren in den Osten, versuchen, irgendwie zu helfen. Etliche Freunde tragen Tarnkleidung. Manche, weil sie kämpfen, andere, weil es angesagt ist. Je weiter man nach Westen kommt, umso abstrakter wird der Konflikt um den Donbass, je weiter nach Osten, umso mehr reale Geschichten über Tod und Waffen gibt es.

Jeder hat seine Argumente, seine Rechtfertigungen, seine Wahrheit. Manche schwimmen weiter mit in diesem Strom, leisten Widerstand, kämpfen, geben nicht auf. Andere sind ausgeschert und warten ab. In der Luft riecht es nach Sonne und Blut. Warm sind die Tage, der Krieg dauert an.

12.05.2015 Im Zug

Der Moskauer Zug steht schon fast eine Stunde auf dem Charkiwer Bahnhof. Die Türen sind verschlossen, hinter den Fenstern sieht man höchstens die grünen Mützen der Grenzbeamten, während sie von Waggon zu Waggon laufen. Auf dem Bahnsteig warten geduldig Passagiere, schauen nervös zur Lok – der Zug ist in seiner Abfahrt schon um eine Stunde verspätet. Die Grenzbeamten setzen eine Familie aus dem Zug und fordern über Funk Verstärkung an. All das dauert ewig. Endlich steigt die Schaffnerin herab wie ein Kapitän von der Gangway und öffnet den Wartenden die Tür.

Im Billig-Liegewagen sitzen ärmliche Fahrgäste. Sie tauschen die Plätze, um mit ihren Leuten zusammenzusitzen, werfen die Taschen nach oben, mustern vorsichtig ihre neuen Nachbarn. Sorgfältig verstauen sie Sack und Pack, rücken zögerlich mit den ersten Informationen heraus. In Charkiw, da haben sie Russen aus dem Zug geschmissen. Russen brauchen nämlich für die Ukraine eine Einladung und müssen pro Tag 860 Hrywnia vorweisen, erklärt das Oberhaupt einer Sippe, die den halben Waggon füllt. Aha, denke ich, jetzt geht's gleich los mit der Politik. Aber nein, es geht nicht los. Alle nehmen die Information über die Russen als gegeben hin. Über Politik spricht niemand. Ob nun aus Angst oder aus Ermüdung. An der Tür des

Schaffnerabteils hängt ein Plakat mit Mohn, zum Tag des Kriegs-
endes – »Wir erinnern uns. Wir siegen.«

Die ganze Zeit wuseln Händler und Spekulanten in den Gängen
herum. Die einen handeln mit harter Währung, die anderen mit allem
Möglichen. Eine Matrone zwängt mit Mühe ihren massigen Kör-
pern zwischen den Liegen hindurch und zieht eine karierte Tasche
hinter sich her, die mit belarussischen Strickjacken vollgestopft ist.
Frau und Tasche haben die gleiche plumpe Form. 1000 Rubel oder
400 Hrywnia will die Händlerin für eine Jacke haben. Sie legt sich
mit einer Frau an, die sich zuerst für die belarussische Ware interes-
siert, dann aber den Preis zu hoch findet. Aber sie widerspricht wohl
eher aus purer Streitlust; in Wirklichkeit will die belarussischen
Strickjacken nicht mal jemand geschenkt. Die Matrone schleppt ihre
Tasche schweigend Richtung Tambur.

Gehandelt wird mit allem. Ein junges Paar – sie in einem freizügig
durchsichtigen Shirt, er in einem ebenfalls freizügig abgewetzten
Trainingsanzug – verkauft Kaviar. Schwarzen und roten. Sie haben
den Kaviar in selbstgebastelten Dosen und bieten ihre Delikatessen
dezent an. Ohne Etikett sieht der Kaviar aus wie Omas Konfitüre.

Immer wieder springt ein dürrer Typ mit einer glockenhellen Stim-
me in den Wagen. Er mahnt alle zur Wachsamkeit – angeblich sei im
Zug eine Bande am Werk, die alles stiehlt, was nicht niet- und nagel-
fest ist. Die Fahrgäste glauben natürlich, der Typ gehöre auch zu der
Bande. Aber er redet unbeirrt weiter und mahnt die Reisenden zur
Vorsicht wie ein Priester während der Messe. Die Leute winken ab,
also erzählt der Typ ein konkretes Beispiel von einer Frau aus Russ-
land, die angeblich gerade bestohlen worden ist und für die jetzt im
ganzen Zug für eine Fahrkarte nach Tula zusammengelegt werden
soll. Niemand gibt etwas. Der Typ verschwindet. Ich überlege, ob
der Frau wohl viel gestohlen worden ist, die Einladung vielleicht
und 860 Hrywnia pro Aufenthaltstag. Ich kenne den Typen, ich fahre
nicht zum ersten Mal mit diesem Zug. Er ist hier so etwas wie ein
Zusatzschaffner, er arbeitet jeden Tag, ohne Wochenende. Alle ken-
nen ihn und seine Geschichte. Jeden Tag schickt er wie ein Verdamm-
ter die bestohlene Frau nach Tula.

Am Morgen darauf sind alle übermüdet und kontaktfreudig, er-
picht auf Bekanntschaften und Gespräche. Die Unterhaltungen be-
ginnen. Man redet über die Preise in Moskau, erzählt von Verwand-
ten und Bekannten. Die Männer laufen in Trainingshosen und mit
leeren Bäuchen durch die Gänge. An den Frauen hängen Reste von
Kleidung und Schminke. Und viele Schmuckstücke. Eine Frau in
einem scharfen schwarzen Pullover, mit Unmengen Ringen und Ket-
ten behängt, holt ein mit Unmengen Edelsteinen besetztes Handy
aus der Tasche und fängt an, die Familie abzutelefonieren. In einem
weichen originellen russisch-ukrainischen Mischmasch spricht sie
mit ihrem Mann, mit ihrer Tochter und mit ihrem Bruder. Dann holt
sie aus derselben Tasche ein anderes Handy hervor, ein schlichteres,
rosafarbenes, und ruft auf der Arbeit an.

In Synelnykowo wird eine »Bombe« gefunden. Jemand hat einen
Pappkarton unter dem Tisch stehenlassen, aufmerksame Reisende
haben ihn sofort sichergestellt und feierlich der Schaffnerin überge-
ben, machen Sie damit, was Sie wollen, aber nicht in unserem Abteil.
Die Schaffnerin ist nicht gerade begeistert über den Fund, aber sie
muss ihn nehmen. Und so fahren wir weiter – mit einer Bombe in
der Hand der Schaffnerin.

Vierzig Minuten Verspätung, zehn Uhr morgens. 54 Passagiere und
eine Schaffnerin mit einer Bombe. Waren, Preise, Kinder, Lebensmit-
tel. Kein Wort über den Krieg, keine Gespräche über die Gefallenen,
keine Erwähnung der Verletzten. Und natürlich auch kein Wort über
die Gefangenen. Ein Querschnitt durch die Gesellschaft. Vier Dut-
zend Menschen. Sie hoffen nicht, sie klagen nicht. Sie ziehen die Bett-
wäsche ab, bekommen ihre Fahrkarten zurück, steigen aus. Sie erin-
nern sich an nichts. Sie besiegen niemanden.

09.06.2015 Wir und sie

Wir haben schnell und ziemlich leicht gelernt, »sie« zu sagen. Es gibt
uns und sie. Und natürlich trennen uns etliche Unterschiede und
Schranken. Sowohl in der Vorstellung – unterschiedliche Ansichten,

unterschiedliche Prinzipien, ach was, eine unterschiedliche Mentalität – als auch in der Wirklichkeit – die Frontlinie, die Kontrollposten, die Minenfelder, die besetzten Ortschaften. Wir sind hüben, sie drüben. Wir wissen nicht so richtig und verstehen auch nicht ganz, was sich dort, hinter diesen Schranken, abspielt. Das Einzige, was wir sicher wissen, ist, dass sie drüben sind. Das Wort *sie* sprechen sie im Übrigen ebenso mühelos aus. Und meinen damit uns. Die Einteilung ist strikt, Nuancen gibt es keine – auf der anderen Seite der Front sitzen die Feinde. Man muss nicht unbedingt ihre Gesichter kennen, nicht unbedingt ihre Stimmen hören, nicht unbedingt einzelne Personen aus der anonymen Menge herausheben. Es reicht, dass sie es sind – eine monolithische Masse von Feinden, die sich uns widersetzen. Einfache Regeln, verständliches Vokabular. Alles, was uns die Fernsehsender diktieren, was uns sorgfältig eingetrichtert wird. Unsere. Ihre.

Eins ist bei alldem merkwürdig: Man kann sich mit ätzenden und hasserfüllten Äußerungen überbieten, man kann sich über ihre Reaktionen uns gegenüber aufregen, trotzdem steht fest, dass die ganzen Kategorien und Schranken eigentlich wenig ändern. Die Schranken werden eher in unserer Vorstellung errichtet als auf den realen Schnellstraßen, die uns früher mit ihnen verbunden haben. Und auch die Kategorien sind fragwürdig, besonders angesichts der wirklichen Probleme der Menschen. Und trotz Krieg, Tod und Blut müssen wir aufeinander eingehen. Und es geht nicht nur um die Kränkungen und Vorwürfe. Nicht nur um den endlosen Krieg, der uns mit ihnen und sie mit uns konfrontiert, unsere Gesichter aufeinandertreffen lässt. Es geht um die ganze Niedertracht und verkehrte Logik dessen, was passiert. Der ganze Krieg, der nicht Krieg heißen darf, diese ganze Imitation eines friedlichen Lebens in den Städten, in denen Bewaffnete die Macht ausüben, die ganzen merkwürdigen Manöver und undurchsichtigen Regeln für Finanzierung, Subventionen, Garantien, Blockade und Grenzziehung. Der tagtägliche Wahnsinn, die tagtägliche Idiotie, der tagtägliche Versuch, zu leben und dabei die Wirklichkeit verbissen zu ignorieren, verstärken nur die gegenseitige Ablehnung und Entfremdung. Jeder Tote an der Front schürt den Hass, jedes zerbombte Haus provoziert Flüche, jeder Tag im Widerstreit ist ein weiterer Baustein an der endlosen Mauer, die wir jetzt zwischen uns errichten. Und dabei werfen wir hartnäckig und mit einer merkwürdigen Penetranz immer wieder einen Blick hinter diese Mauer, beobachten, was da vor sich geht, geben gehässige, schadenfrohe Kommentare, glauben die ungeheuerlichsten Märchen und verschließen die Augen vor den offensichtlichen Tatsachen. Und Tatsache ist, dass die Mauer immer höher wird, die Einblicke immer schwieriger werden und das Gesehene immer unverständlicher.

Das alles ist natürlich sehr merkwürdig und nicht besonders lustig. Wir lachen über ihre Versuche, die alte Sowjetunion wiederzubeleben, und toben, dass ihnen das gefällt. Wir verspotten ihre »Minister«, schauen uns aber immer wieder ihre Interviews an. Wir sprechen von einem Krieg gegen Russland, von russischem Militär und tschetschenischen Kämpfern und zählen automatisch die gesamte Zivilbevölkerung jenseits der Front zu den Separatisten. Im besten Fall lassen wir uns zu der Annahme herab, dass es jenseits der Front einen gewissen Prozentsatz »normale Menschen« gibt, die wir großzügig bei uns aufnehmen (aber möglichst nicht in unserer eigenen Straße). Wir wollen diesen Prozentsatz genau bestimmen, ihn genau berechnen. Welcher Prozentsatz von ihnen eine potentielle Vergebung verdient hat, ist für uns von elementarer Wichtigkeit. Und sie verhalten sich ganz genauso. Sie behaupten, es gäbe uns nicht, kommen aber zu uns, um ihre Renten in Empfang zu nehmen. Sie sprechen uns die Existenzberechtigung ab, aber unsere Hilfslieferungen nehmen sie gern. Sie tun so, als wären wir erst im letzten Jahr aufgetaucht. Und woher wir so plötzlich gekommen sind, ist ihnen auch unklar. Wir und sie greifen freudig die neuesten Parolen und Ideen auf, mit denen wir aufgerüstet werden, und plappern nur zu gern den Schwachsinn von Peinigern und Orks nach, die ganze Kriegs- und Kampfterminologie und die Zuschreibungen, die sich seit über einem Jahr mehr und mehr in unseren Köpfen breitmachen. Wir freuen uns über ihre Zurückgebliebenheit, sie treten gern unsere Probleme breit, wir erwarten von ihnen Reue, sie brüsten sich mit ihrem Kollektivgeist, wir besingen unsere Helden, sie basteln neue Orden und Medaillen. Wir prophezeien uns gegenseitig eine rasche Vernichtung, Verfall und Vergessen für immer. So oder so. Krieg ist Krieg. Besonders wenn du ihn nie kennengelernt hast.

Das Schlimmste ist, dass man schon heute prognostizieren kann, wie das alles endet. Dafür muss man weder Politologe noch Militärstratege sein. Es wird damit enden, dass wir alle (wir, alle) früher oder später die Mauer abtragen müssen. Die ganze Mauer, Stein um Stein. Mit unseren eigenen Händen. Wie viel Zeit, wie viel Kraft, wie viel Nerven das kosten wird, machen wir uns nicht klar. Und sie sich genauso wenig.

24.06.2015 Sommer. Nachrichten

Sascha arbeitet in einem Freiwilligenstützpunkt und versorgt Flüchtlinge. Seinerzeit wollte er eigentlich nicht aus Donezk weg, ist dann aber doch nach Charkiw gegangen. Er trägt ein Basecap mit dem Emblem von Schachtar Donezk. Erzählt, dass in der letzten Zeit weniger Familien aus Donezk kommen – nach dem Exodus im letzten Jahr kehren nun viele wieder zurück. Aber es treffen auch immer noch neue Familien ein. Die Reaktionen sind unterschiedlich: Manche bedanken sich, andere nehmen die Hilfe als etwas Selbstverständliches, manche ereifern sich, misstrauen, nörgeln, intrigieren. Einmal, erzählt Sascha, kam eine Frau, stellte sich in die Schlange, nahm ihre Lebensmittel in Empfang und schleuderte ihm zur Verabschiedung *Faschistensau!* ins Gesicht. Sascha erzählt das ruhig, er arbeitet schon ein Jahr als Freiwilliger, er ist alles gewöhnt. Alle gewöhnen sich an alles, alle versuchen sich den Umständen anzupassen.

Die Umstände sind mehr oder weniger unverändert; der Krieg geht weiter, Tausende Menschen irren durch das Land auf der Suche nach einem besseren Leben, womit sie manche verärgern und bei anderen Mitleid erwecken. Die Nachrichten sind auch unverändert – eine trockene Verluststatistik, die tote Sprache der offiziellen Verlautbarungen, schlechte Nachrichten aus dem sommerlichen Osten.

Das Land lebt wie ein Mensch, der einen Infarkt erlitten hat: Das Leben geht weiter, aber es wird nie mehr so sein, wie es einmal war.

Im Abteil des Zuges nach Lyssytschansk sitzen Walera, ein Belagerungspionier aus dem Bataillon Aidar, und eine junger Mutter mit ihrer Tochter. Die Mutter schimpft. Sie schimpft auf den Präsidenten, auf die Regierung, auf den Gouverneur, auf den Bürgermeister. »Keine Ahnung haben die vom Donbass«, sagt sie. »Warum dürfen die Maidownies alles und wir nichts? Wir wollten doch nur Autonomie. Wie auf der Krim.« Walera hält sich zurück, spricht nur über die Familie. Er stammt aus Kamjanezk-Podilskyj und ist seit einem Jahr im Osten, er finde, sagt er, mit seinem Beruf auch nach dem Krieg noch Arbeit. Er hat seine Frau zu Hause zurückgelassen. Als ihre Chefs erfahren haben, dass Walera im Osten ist, haben sie ihn mit den Papieren unterstützt.

Auf den Gängen laufen Soldaten auf und ab – aus den Freiwilligenbataillonen und aus der Armee. Ab und zu bieten sie Walera einen Schluck an. Der lehnt ab. Spielt mit der Tochter der jungen Mutter. Erzählt von den Stellungen, von dem Abraumhügel, auf dem unlängst durch einen Minenwerfer zwei Kameraden hopsgegangen sind. »Und warum beschießt ihr dann nicht die andere Seite?«, fragt die Mama vorsichtig. Sie nennt die Separatisten diplomatisch »die andere Seite«. – »Weil da Wohngebiete sind«, erklärt Walera. »Wirklich?« Die Mama schaut ungläubig. »Ich hab gehört, dass da niemand ist. So kams jedenfalls in den Nachrichten.«

In Kupjansk steigen die Freiwilligen kurz aus. Eine junge Frau mit einem Jungen steht bei ihnen. Eine Oma verkauft Bier, legt sich mit den Kämpfern an, was wollt ihr überhaupt hier. Einem der Freiwilligen platzt der Kragen. »Wollen Sie meinen Ausweis sehen?«, fragt er ungehalten. »Ich bin von hier. Und das ist meine Frau«, sagt er und zeigt auf die Frau mit dem Jungen, »die sind zum Zug gekommen.« Die Alte sagt nichts mehr, dreht sich um und verschwindet um die Ecke. Der Zug setzt sich in Bewegung, die Soldaten laufen weiter in den Gängen hin und her und pulen mit den Fingern das Fleisch vom Fisch, den die Einheimischen gefangen haben. Sie rufen ihre Einheiten an, sprechen ab, wie sie von der Endstation zur Truppe kommen.

Abseits sitzt ein Amerikaner. Trägt Tarnkleidung und eine peinliche Bandana. Er ist als Freiwilliger gekommen. Neben ihm auf der Pritsche liegt ein englisch-russisches Wörterbuch. Blasse Tätowierungen auf ungebräunter Haut. Gebrochenes Russisch. Verstört schaut er auf den gefledderten Fisch.

Meine Mutter, mit der ich gemeinsam nach Hause fahre, erzählt mir von einem Kumpel, mit dem ich zur Schule gegangen bin. Die letzten Jahre hat er in Luhansk gelebt. Vor kurzem wurde er »auf unsere Seite« zu seinen Eltern geschickt. Im Zinksarg. Über Russland. Mit dem guten Rat an die Eltern, den Sarg nicht zu öffnen. Die Eltern haben allen erzählt, er hätte Krebs gehabt. Aber natürlich weiß jeder, dass er gekämpft hat. Und auch, auf welcher Seite.

… In Charkiw wird am Morgen eine kostenlose Zeitung verteilt. Kritik an der Regierung, eine unvoreingenommene Position, Meinungsfreiheit. Die Zeitungsbündel liegen auf dem kühlen Asphalt. Viele bleiben stehen, warten, nehmen eine Zeitung, lesen auf dem Weg zur Metro. Alle interessieren sich für die Nachrichten, alle wollen auf dem neuesten Stand sein. Bei den Zeitungen tauchen sofort irgendwelche Freaks auf. Irgendein Heini in einem schmuddeligen Hausmantel droht den Zeitungsverkäufern. Ein intelligent wirkendes Mütterchen lehnt sich an eine Hauswand und nimmt sich an Ort und Stelle das Kreuzworträtsel vor. In Ruhe und ohne Eile. Als wüsste sie, dass sich bis morgen ganz gewiss nichts ändert. Morgen wird alles so sein wie heute. Auch morgen wird es wieder Nachrichten geben. Und wieder werden sie schlecht sein.

29.08.2015 Weinstöcke

Hinter Artemiwsk stoppt Sascha, unser Fahrer, den Kleinbus, holt sein Maschinengewehr heraus, zieht seine Einsatzweste an und verteilt Messer im Fahrgastraum. »Ach«, frage ich spöttisch, »wen erwartest du denn?« Sascha macht keine Witze, er nimmt alles sehr ernst und erzählt von Saboteuren und Spionen. Wir haben gerade eine Kreuzung überquert, an der wir uns mit Panzersoldaten treffen wollen, um ihnen Lebensmittel zu übergeben, jetzt stehen wir mitten im Gebüsch, irgendwo in der Nähe von Popasna, am Horizont ragen Schornsteine auf, sie ragen auf, rauchen aber nicht, geben kein Lebenszeichen von sich. Überhaupt gibt es hier kein Lebenszeichen – keine lebende Seele, kein Auto, nur das Grün reicht bis an die Chaussee heran und streift die Kotflügel des Kleinbusses. Wir rufen unsere Panzerfahrer an und versuchen zu erklären, wo wir sind. Aber wie sollen wir das beschreiben? Wir sind irgendwo hier, zwischen Gebüsch und Steppe, keine Menschenseele, nur Stille, Ruhe und Sonne, Ende August und diese herbe bittere Luft, durchsetzt von Staub und Rauch, durchglüht von der Sonne, durchweht von einem Wind, der vom Asowschen Meer kommt, eine laubschwere, schwüle Augustluft, die von der unvermeidlichen Ankunft des Herbstes kündet, gegen die du dich wehren kannst oder nicht – jedenfalls kommt es, wie es kommen muss. Wir rufen noch einmal an, dann wenden wir und fahren zurück.

Das Dorf ist leer, fast alle Bewohner sind weg. Die, die geblieben sind, halten sich an die Soldaten. In den letzten zwei Nächten ist das Dorf beschossen worden. Die Separatisten feuern genau aus der Richtung, wo die Schlote aufragen. Die Soldaten nehmen den Beschuss gelassen, allerdings, sagt der Kommandeur lächelnd, kann ich nachts nicht schlafen, das stört irgendwie. Er sagt das wie ein Dorfbewohner, der seine Verwandten in der Stadt besucht und nicht einschlafen kann, weil ständig Straßenbahnen vorbeiquietschen.

Die Panzer stehen zwischen Weinstöcken, schmutzig, verstaubt und warm wie Tiere. Im Innern riechen sie nach Schmierfett. Stinken grässlich. Der Geruch von Stahl und Brennstoff mischt sich mit dem Geruch von Äpfeln und Gras. Ein gleichförmiger Alltag – niemand hat es eilig, jeder kennt seinen Platz. Alle sind darauf eingestellt, dass sich die Situation verschlechtern kann. Die Soldaten werden abgezogen – Waffenstillstand.

Ja, ja, Waffenstillstand, sagte der Chef der Artillerie, bei dem wir gegen Abend eintreffen. Ist doch toll, sage ich zu ihm, Waffenstillstand, Ruhe, kein Beschuss. Vergiss es, sagt er, jeden Abend siehst du in den Nachrichten die Zahl der Toten und fragst dich, was du eigentlich hier machst, in der dritten Verteidigungslinie. Wir sollten dort sein, sollten unseren helfen.

Am nächsten Morgen fahren wir weiter ins Kreiskrankenhaus und sprechen mit dem Chefarzt. Wir laden die Lebensmittel ab. Der Arzt hat sich ans Militär gewöhnt; es unterstützt das Krankenhaus von Anfang an. Die Freiwilligen haben uns das ganze Jahr Lebensmittel gebracht, jetzt wurden sie abgezogen, und wir wissen nicht, wie wir die Patienten mit Essen versorgen sollen. Der Staat, sagt der Arzt, stellt uns pro Tag und Patient anderthalb Hrywnia für Essen zur Verfügung. Anderthalb. Anderthalb Hrywnia. Pro Patient. Haben Sie auch Separatisten behandelt?, will ich wissen. Ja, antwortet er. Die Freiwilligen hatten einen Scharfschützen erwischt und haben ihn hierhergebracht. Den haben wir behandelt, es war eine schwere Verletzung, wir haben befürchtet, dass wir ihm das Bein abnehmen müssen. Der hatte Angst, hat behauptet, wir würden ihn abstechen. Irgendwann wurde er ausgetauscht. Ich hab dann später ein Interview mit ihm gesehen auf einem russischen Sender. Da hat er erzählt, wie schlecht er hier behandelt wurde. Zum Glück haben wir das Bein drangelassen, fügt er hinzu.

Frische Morgen, kühle Abende, Rauchfahnen über den Gärten, Soldaten, die sich schon an die hiesige Landschaft gewöhnt haben, Einheimische, die sich auch schon an alles gewöhnt haben. Das zweite Jahr Krieg, das zweite Jahr merkwürdige Umstände und tragische Geschichten, das zweite Jahr Herausforderungen und Enttäuschungen, das zweite Jahr Koexistenz von Militär- und Landwirtschaftstechnik. Alle wollen wissen, wann das endlich vorbei ist, alle wünschen sich, dass es so schnell wie möglich zu Ende geht. So viele Menschen, die versuchen, irgendwie zu helfen, irgendetwas zu machen, so viele Geschichten, hinter denen sich Schmerz und Verzweiflung verbergen, so viel Bedarf an Unterstützung und Verständnis, so viel Hoffnung, dass alles gut wird. Das Wichtigste ist, sich gegenseitig zu unterstützen, das Wichtigste ist, das zu machen, was du kannst. Der September löst den August ab, der Herbst bricht durch die Risse in der Luft. Alles geht seinen Gang, die Zeit heilt alle Wunden: Sie lässt die Toten ruhen und gibt doch den Lebenden Hoffnung. Und Hoffnung ist heute vielleicht das, was am meisten fehlt.

Am letzten Kontrollposten hat es die Miliz auf die Blankwaffen im Fahrgastraum abgesehen. Die Genehmigungen genügen ihnen nicht. Schließlich nehmen sie eine Handvoll Pralinen und wünschen uns gute Fahrt. Wir halten zusammen und tun, was wir können.

Editorische Notiz

Die vorliegende Ausgabe wurde vom Autor für den Suhrkamp Verlag zusammengestellt. Die Gedichte S. 17 bis S. 58 wurden den Bänden *Žittja Marïï* [Marienleben] (2015) entnommen; die Gedichte S. 59 bis S. 71 stammen aus dem noch unveröffentlichten Band *Tampliery* [Tempelritter]. Die Gedichte S. 75 bis 106 wurden dem Band *Vohnepal'niy i nožovi* [Schuss- und Stichwaffen] (2012) entnommen. Die Aufzeichnungen S. 109 bis 121 entsprechen dem *Luhans 'kyj ščodennik* [Lugansker Tagebuch], das 2014 als Anhang zur ukrainischen Neuausgabe von *Anarchy in the UKR* erschien. S. 11 bis 12 sowie S. 121 bis 161 sind noch nicht in Buchform erschienen.

»Die Nadel«, »Die Suchmaschine«, »Die Sekte«, »Die Tschetschenin«, »Der Irre«, »Der Marodeur« erschienen auf Deutsch erstmals in Katharina Raabe (Hg.): *Gefährdete Nachbarschaften – Ukraine, Russland, Europäische Union*. Göttingen 2015 [= VALERIO 17/2015]; »Der Kopfhörer«, »Der Kaplan«, »Das Nashorn« erstmals in dem Ausstellungskatalog *Blind Spot. Mykola Ridnyi & Serhij Zhadan*. Berliner Künstlerprogramm des DAAD 2014. – Sämtliche Übersetzungen wurden überarbeitet.

Die Gedichte auf den Seiten 32-45 und 47-58 hat Esther Kinsky auf der Grundlage von Interlinearversionen übersetzt.

Inhalt